T0247823

Educar a tu cachorro

Victoria Stilwell

Educar a tu cachorro

La guía definitiva para adiestrar y cuidar a tu nuevo perro

Pinolia

Título original: *The Utimate Guide to Raising a Puppy*

Publicado originalmente en Estados Unidos por Ten Speed Press, un sello de Penguin Random House, Nueva York.

Traducción: Equipo Pinolia

www.editorialpinolia.es
info@editorialpinolia.es

Colección: Mascotas
Primera edición: mayo de 2023

Depósito legal: M-1910-2023
ISBN: 978-84-18965-87-6

Imagen de cubierta: Getty Images / Bigandt_Photography
Diseño y maquetación: Equipo Pinolia
Diseño cubierta: Alvaro Fuster-Fabra
Impresión y encuadernación: QP Quality Print Gestión
y Producción Gráfica, S. L.

Printed in Spain - Impreso en España

Para nuestra querida Sadie

ÍNDICE

PRÓLOGO

Mi hermosa y gran perra marrón levanta su sabia y vieja cabeza y me mira con ojos amables y cariñosos. Estos dos ojos intensamente oscuros han visto dieciséis años de vida, mucho tiempo para un perro, y mientras los miro recuerdo todos los maravillosos momentos que hemos vivido juntas. Días de verano explorando las montañas del norte de Georgia, celebraciones familiares de cumpleaños y noches de invierno frente al fuego. Esos ojos han visto crecer a nuestra familia a lo largo de los años, siendo testigos de los buenos momentos y compadeciéndose de los difíciles. Sadie ha estado con nosotros en todo momento. Es la roca en la que siempre podemos apoyarnos para aligerar nuestra carga, para que nos reciba calurosamente cuando volvemos a casa del trabajo y colmarnos de amor.

Sadie llegó a nuestras vidas cuando tenía cinco años, una perra dulce que parecía demasiado sabia para su edad. Es tranquila en casa y una cazadora salvaje fuera de ella. Ve el mundo a través de su magnífico olfato y se deja llevar por olores secretos que la conducen a intensas investigaciones que me gustaría poder comprender. Sadie conoce las noticias del vecindario antes que yo. Sabe qué perros han pasado cerca de nuestra casa, qué animales han estado en la zona y quién ha salido a correr esa mañana. Si pudiera hablar su idioma, sé que cotillearíamos durante horas.

No conocí a Sadie cuando era un cachorro, pero solo puedo imaginar lo hermosa que era. Sadie vivía con una anciana que acababa de perder a su marido. La familia esperaba aliviar la soledad de su madre consiguiéndole un compañero y, aunque un cachorro de labrador enérgico y excitable no era necesariamente la mejor idea para una persona mayor, lo que a Sadie le faltaba en ejercicio y experiencias sociales con otros perros lo recuperaba multiplicado por cien en amor. Scarlet crio a Sadie durante cinco años, hasta su triste fallecimiento. Una semana después, una entrenadora amiga mía, Joyce Hagan, trajo a la preciosa labradora chocolate a nuestra casa para ver si queríamos adoptarla. Sadie nunca se fue.

No tengo ninguna duda de que el amor y la bondad de Scarlet en esos importantes años de cachorro y adolescente hacen que Sadie sea tan buena con la gente, al igual que estoy segura de que la falta de experiencias sociales caninas de Sadie hace que se sienta incómoda con otros perros. Veo mucho de su pasado observando su comportamiento en el presente, pero ojalá hubiera podido estar allí al principio, cuando mi preciosa niña vino al mundo. Me imagino cómo era de cachorra. Descarada, curiosa, enérgica, cariñosa, impulsiva... debía de alegrar a todos a su alrededor. Ojalá la hubiera conocido entonces y hubiera pasado cinco años más con el mejor perro del mundo.

Sadie es una de las razones por las que escribo este libro. Quiero explorar cómo debió de ser de cachorra y, al hacerlo, llevarte de viaje al mundo de tu cachorro. Así que voy a retroceder en el tiempo, hasta donde Sadie comenzó su increíble viaje, hace dieciséis años.

INTRODUCCIÓN

¡Cachorros! Todos los adoramos, pero junto con esas caras bonitas y esas colas inquietas hay toda una serie de retos que hacen que la crianza de un cachorro sea tan abrumadora como alegre. Con tanta información disponible pero contradictoria, puede ser muy difícil para los padres saber qué consejos seguir. ¿Dónde debo comprar mi cachorro? ¿Cómo consigo que duerma toda la noche? ¿Cuánto tiempo se tarda en enseñar a un cachorro a ir al baño? ¿Cuál es la diferencia entre mordisquear y morder? ¿Cómo puedo presentar a mi nuevo cachorro a mi familia y amigos?

Respondo a estas preguntas y a muchas más a lo largo de este libro, pero también me centro en algo que es igual de importante. Lo llamo el cómo y el por qué. Comprender cómo experimenta el mundo tu cachorro y por qué se comporta de una determinada manera te ayudará a criarlo correctamente. Por eso, aunque este libro es un sistema de apoyo práctico y una fuente de información a la que acudir cuando te levantas en mitad de la noche preguntándote cómo conseguir que tu cachorro se duerma o cuando estés de rodillas limpiando su último «accidente», también te ayuda a comprender lo increíble que es tu cachorro. Sí, criar a un perro es un reto, pero merece la pena cuando sostienes a ese manojo de energía en tus brazos y sientes tanto amor que tu corazón podría explotar. *Educar a tu cachorro* te acompañará en cada paso del camino.

Mi historia

Me apasionan los perros y siempre me ha fascinado su comportamiento. Como miembro de un enorme club internacional de amantes de los perros, convivo y celebro cada día a estos increíbles animales. No deja de asombrarme que los perros sean la especie doméstica con más éxito del planeta y que hayan evolucionado con éxito junto a los humanos durante miles de años. Es un logro increíble por ambas partes. Los humanos se han adaptado a tener perros en sus vidas, y nosotros hemos perfeccionado las habilidades de estos eficaces depredadores de muchas formas distintas. Pero mientras nos felicitamos por una alianza tan beneficiosa, también debemos respetar el camino recorrido por el perro, que no tiene nada de extraordinario. Los perros han pasado de cazar y valerse por sí mismos a compartir nuestras camas y comer nuestra comida. No hablan nuestro idioma ni entienden la mayoría de nuestras normas, pero aun así consiguen adaptarse a nuestras complicadas vidas. No es fácil convivir con los humanos, pero los perros, en su mayoría, superan con éxito los retos que les planteamos.

Llevo veinte años trabajando como adiestradora de perros y asesora de comportamiento, y empecé en algunos de los entornos que sigo considerando más difíciles para los perros: las ciudades de Londres y Nueva York. Trasladarme a los Estados Unidos desde el Reino Unido fue un gran salto para mí en muchos aspectos, pero los retos a los que me enfrenté adiestrando a cachorros y perros adultos en una ciudad que solo permite perros sin correa en espacios reducidos o en Central Park antes de las nueve de la mañana. Trabajé con perros que no solo estaban increíblemente frustrados y reactivos, sino que habían desarrollado toda una serie de ansiedades exacerbadas por la vida en la ciudad: fobias al ruido, problemas de espacio, angustia por separación, comportamiento agresivo hacia las personas y otros perros, sensibilidad al tacto, masticación destructiva y ladridos incesantes, por nombrar solo algunos.

Pero a pesar de todos sus defectos, Manhattan también puede ser el mejor lugar para tener un perro. La ciudad puede ser un asalto abrumador a todos los sentidos, pero es un delicioso batiburrillo de olores siempre cambiantes que proporcionan incontables horas de asombro para los perros con olfato. Enseñar a los perros a concentrarse en calles abarrotadas, con sirenas y bocinas sonando cada pocos minutos, y una miríada de olores procedentes de las basuras, de los desechos humanos y las ratas de ciudad que les distraen, me enseñó a ser muy paciente y me proporcionó amplias oportunidades para trabajar con diferentes y complejos problemas de comportamiento canino en un entorno implacable.

Me encantaba el reto de trabajar con mis clientes caninos y humanos en la ciudad, pero debido al difícil entorno en el que todos vivíamos, centré gran parte de mi tiempo en enseñar métodos que evitaran que se produjeran problemas de comportamiento en primer lugar. Las técnicas diseñadas para inculcar en los adultos habilidades de afrontamiento y, por tanto, confianza, también podían utilizarse con gran eficacia con los cachorros. Los neoyorquinos no se preocupan por el tamaño de sus viviendas, y los grandes daneses viven tan cómodamente en apartamentos de una habitación como los carlinos y los *yorkshire terrier*. Estos perros se benefician de mucha más atención, al parecer, que los perros de los suburbios, porque, como mínimo, sus cuidadores tienen que sacarlos fuera a hacer sus necesidades tres o cuatro veces al día. A mis clientes cachorros les resultó fácil aprender a hacer sus necesidades en casa rápidamente con horarios bien elaborados y cuidados diligentes. A estos cachorros no parecía importarles el ajetreo de una ciudad bulliciosa y disfrutaban de la atención constante que recibían de perros curiosos y transeúntes. La propia ciudad parecía ofrecer la inoculación perfecta contra el estrés, con una exposición diaria que enseñaba de forma natural a los cachorros a desenvolverse bien en situaciones sociales. Criar a un cachorro en Nueva York no fue tan difícil como había temido en un principio.

A finales de 2004, creé un programa de televisión llamado *Soy yo o el perro* que se hizo muy popular en todo el mundo y se apoderó de mi vida durante ocho temporadas, rodadas a lo largo de diez años. Gracias al éxito del programa y a la posterior plataforma que proporcionó, pude difundir el mensaje sobre una forma más humana de educar a cachorros y perros de todas las razas, impulsos y con todo tipo de problemas de comportamiento.

Entonces, un encuentro casual con un adiestrador experimentado de la unidad K9 del *sheriff* del condado de Gwinnett, en Georgia, me introdujo en el mundo de los K9 policiales. Yo ya había trabajado con perros detectores de acelerantes o perros incendiarios, para el programa *State Farm Arson Dog*, pero quería saber más sobre la vida de los perros policía y sus adiestradores. Tras pasar unos meses asistiendo a seminarios de adiestramiento y leyendo todo lo que pude sobre el tema, empecé a desarrollar una exitosa serie web llamada *Guardians of the Night* (Guardianes de la noche). El programa se concibió inicialmente para explorar el estado del adiestramiento de perros policía en Estados Unidos, pero se convirtió en mucho más. Para entender la experiencia de los adiestradores y sus perros, tenía que vivirla por mí mismo, y los cinco años de inmersión en la vida cotidiana de estos valientes agentes y sus perros me dieron una nueva perspectiva y aprecio por el trabajo que hacen.

Sigo trabajando con policías y otros perros de trabajo, siguiendo su crecimiento desde adolescentes larguiruchos hasta adultos valientes, y mi experiencia en el mundo de los perros de trabajo y de compañía me ha demostrado que no hay diferencia en la forma en que se puede y se debe enseñar a un perro de trabajo o a un perro de compañía. Ambos tienen los mismos deseos, aprenden de la misma manera y tienen la misma necesidad de sentirse seguros y protegidos. Sea cual sea el papel que desempeñe tu cachorro en tu vida, no olvides nunca que sois un equipo y que el aprendizaje es el mismo. Obviamente, los distintos trabajos requieren habilidades diferentes, pero la mayoría de los perros tienen narices biónicas, tanto si perfeccionamos sus habilidades olfativas para detectar el olor de los narcóticos como para jugar a los juegos de olfato en casa. La cría de cachorros sigue unas pautas similares para todos los perros, sea cual sea la función que acaben desempeñando.

Me encanta trabajar con cachorros. Estos pequeños manojos de energía son pizarras en blanco deseosas de absorber y experimentar todo lo que puedan. Su vitalidad y energía me llenan de esperanza y felicidad, y considero un privilegio poder ayudar a los cachorros y a sus dueños durante la primera etapa de la vida, porque la orientación temprana determina el éxito final del cachorro.

Atracción animal

Acabo de regresar del paseo diario con mis perros adultos, que inevitablemente acaba siendo un acontecimiento social a juzgar por el número de personas con las que hablo mientras camino. Suelo pasear por el parque local, y paso junto a un parque infantil. Mis perros están acostumbrados a que los niños se acerquen corriendo y quieran tocarlos y les he enseñado a lidiar con esta situación. Incluso si decido ir por otro camino, siempre me encuentro con gente que quiere interactuar con mis perros. Sadie y Jasmine no solo me alegran a mí, sino también a completos desconocidos.

Parte de nuestra atracción por los perros en general, y los cachorros en particular, es innata. Investigadores de la Universidad Rutgers de Nueva Jersey revelaron que, si se les da a elegir, los niños de entre uno y tres años pasan más tiempo interactuando con animales vivos que con juguetes inanimados.[1] También se ha descubierto que las neuronas de la amígdala, el centro emocional del cerebro, responden preferentemente a las imágenes de animales.[2] Los humanos reaccionamos positivamente ante seres con características típicas de los bebés, como ojos grandes y bien abiertos y frente grande. Las crías de animales producen en nosotros las mismas respuestas instintivas que los bebés humanos.

Nuestra atracción por los perros también es cultural. Mientras que muchos occidentales celebramos la existencia de estos increíbles animales y convivimos con ellos en nuestros hogares, otras culturas consideran a los perros impuros y portadores de enfermedades. Estamos influidos por las culturas en las que vivimos, y si nuestros amigos y vecinos tienen un perro o adquieren un nuevo cachorro, es más probable que nosotros mismos nos hagamos con uno. También nos atraen las últimas sensaciones mediáticas. Después de que la película *101 Dálmatas* llegara a los cines, todo el mundo quería un dálmata, pero los refugios se llenaron rápidamente de cachorros y perros adolescentes desechados cuando la gente se dio cuenta de lo enérgicos que eran. Es muy triste que cuando una película se centra en una raza determinada, los refugios tengan que abrir sus puertas a la última moda canina descartada.

Los perros también son muy útiles y en parte por eso han evolucionado tan satisfactoriamente con nosotros durante miles de años. Fueron y siguen siendo buenos compañeros de caza y guardia, nos ayudan a encontrar comida y protegen nuestros hogares, cultivos y ganado. Hemos aprovechado sus habilidades para ayudarnos a detectar enfermedades en humanos y animales, y ahora los perros se utilizan de formas aún más extraordinarias ayudándonos a conservar nuestro planeta: el tema de mi último programa de televisión, *Perros con trabajos extraordinarios*.

Pero veamos este apego más de cerca. El apego de un perro a un humano es como el de un niño a sus padres. De hecho, los cachorros y los perros adultos se comportan de forma similar a los niños pequeños si se quedan solos con alguien que no conocen. Un «test de situaciones extrañas» ha puesto a prueba la teoría del apego en niños. Si un niño se encuentra en un entorno extraño con un adulto conocido y algunos juguetes para jugar, es más probable que se aleje del adulto y juegue con confianza. Si el adulto conocido desaparece de su vista y el niño se queda con un adulto que no conoce, deja de jugar y espera ansioso el regreso del adulto conocido. Cuando se sometió a cachorros, adolescentes y perros adultos a una prueba similar, no sorprendió que se comportaran exactamente igual.[3]

Los perros y las personas también comparten respuestas conductuales similares a las emociones. Los perros parecen mostrar un comportamiento celoso cuando vigilan un recurso o monopolizan la atención de una persona. La definición de celos humanos incluye frases como «vigilancia para mantener o guardar algo» y «resentimiento contra un rival». Sin duda, esto explica por qué alarmamos a nuestros coches y casas y nos mostramos agresivos, resentidos y competitivos cuando creemos que alguien supone una amenaza para las cosas que tenemos o las personas que son importantes para nosotros. Es muy habitual que los perros se metan entre parejas que se abrazan o invadan el espacio de otro perro al que están acariciando. De hecho, la presencia de los cuidadores a veces puede provocar peleas entre perros que compiten por la atención de estos.

Al fin y al cabo, nuestros perros son nuestros compañeros más queridos. La conexión emocional que sentimos con ellos puede ser incluso más fuerte que la que sentimos con los familiares humanos. Los perros no nos juzgan, contestan ni mienten; de hecho, son la fuente de consuelo que muchas personas anhelan.

Además de ser buenos para nuestra vida social, los perros nos hacen más sanos. No solo hacemos más ejercicio si tenemos un perro, sino que un estudio realizado con noventa y dos personas en la Universidad de Pensilvania demostró que las personas que tenían mascotas tenían más probabilidades de seguir vivas un año después de sufrir un infarto que las que no tenían un animal de compañía.[4] Los perros alivian mucho el estrés y tienen una capacidad increíble para hacernos sentir mejor.

ANTES DEL COMIENZO

Antes de que tu cachorro emprenda el viaje contigo, hay un «antes del comienzo». Y es este «antes» el que sienta las bases de su personalidad. La mayoría de las personas que adoptan o compran un cachorro no tienen el lujo de saber quiénes son los padres, pero dónde nace y cómo se cría un cachorro desempeña un papel importante en la creación de su personalidad particular, y por eso es importante comprender su proceso desde el principio, independientemente de cómo haya llegado a tu vida.

Desarrollo temprano

Los genes determinan el aspecto, el temperamento y el comportamiento de un perro. Si tiene un labrador de pura raza, por ejemplo, lo más seguro es que proceda de padres labradores. Pero que parezca un labrador no significa necesariamente que se comporte como tal; el entorno en el que se cría influye mucho en la expresión de los genes. Puede que abra un libro de razas sobre pastores alemanes y vea que están predispuestos a la guardia, son muy sensibles al sonido y tienen tendencia a ser nerviosos, pero no todos los pastores alemanes son guardianes, al igual que no todos los labradores son buenos con los niños, a pesar de lo que digan los libros centrados en la raza. Dado que los perros de la misma raza nacen de padres diferentes en climas y situaciones diversos, el comportamiento que está influido por su composición genética puede cambiar en función de sus experiencias ambientales y situacionales. Por lo tanto, el temperamento y el comportamiento de perros de la misma raza pueden ser muy diferentes.

Todos mis perros provienen de situaciones de rescate, por lo que nunca he conocido a sus padres ni cómo fueron concebidos. Estoy bastante segura de que los padres de Sadie eran labradores chocolate porque Sadie se parece a un labrador chocolate. Jasmine, mi chihuahua, es sin duda una mezcla de algo, pero uno de sus padres tenía que ser un chihuahua —creemos que su otro padre era un suricato porque se parece mucho a uno, excepto que hace que para una imagen confusa en la concepción, así que tal vez *min pin (pinscher* miniatura) o algún tipo de pequeño *terrier*/cosa con aspecto de ratón... Lo siento, Jasmine—.

Los genes de los cachorros están ciertamente influenciados por los genes de sus padres, pero las experiencias de la madre gestante pueden tener un profundo efecto en los cachorros que lleva en su vientre. Las madres sanas y que viven en entornos tranquilos y enriquecedores tienen más posibilidades de producir cachorros sanos mental y físicamente que las madres enfermas o que viven en entornos estresantes. Si una madre está estresada durante el embarazo, sus cachorros pueden crecer nerviosos y temerosos. Las investigaciones han demostrado que si una madre está estresada durante el último tercio del embarazo, sus cachorros pueden reaccionar emocionalmente de forma severa. La producción de hormonas del estrés por parte de la madre durante este delicado periodo influirá significativamente en sus cachorros.[1]

Un cachorro también puede verse afectado por sus compañeros de camada en el útero. Ciertamente veo muchos comportamientos típicos de los machos en Jasmine. Ella marca su territorio, levanta la pata para orinar y se monta a la pata trasera de Sadie, aunque esto solo pasa cuando Sadie está acostada masticando un hueso o un juguete que Jasmine quiere. Parece que Jasmine está utilizando la acción de montar como una forma de llamar la atención de Sadie o de distraerla de su hueso para que Jasmine pueda robárselo. Estos comportamientos típicos de los machos podrían deberse a que el cerebro de Jasmine fue influenciado por los cachorros que se desarrollaban junto a ella en el útero. Las investigaciones demuestran que si hay más cachorros machos que hembras en el útero, las hormonas masculinas llamadas andrógenos pueden filtrarse en el líquido embrionario, afectando a los otros cachorros. Las hembras nacidas en camadas con predominio de machos tienden a mostrar comportamientos más masculinos que las hembras nacidas en camadas con predominio de hembras. Esto sugiere que las hormonas tienen un profundo efecto en el desarrollo del cerebro de los cachorros en el útero.[2]

Los periodos de desarrollo son etapas cruciales del aprendizaje y el desarrollo conductual y cognitivo del perro. El futuro conductual y cognitivo de un cachorro puede forjarse mediante la exposición positiva y negativa a estímulos novedosos que involucren todos sus sentidos dentro del entorno.

Neonatología: desde el nacimiento hasta las dos semanas

Al nacer, las orejas y los ojos de un cachorro están cerrados. Sin embargo, su sentido del tacto está activo y su olfato se desarrolla rápidamente y le atrae hacia su madre para alimentarse. Aunque el cerebro del cachorro es muy pequeño e inmaduro a esta edad, todavía es posible un aprendizaje sencillo y el manejo diario puede acelerar su maduración, su coordinación motora y su capacidad para resolver problemas. De hecho, los cachorros que han sufrido cierto estrés por el contacto con humanos tienden a afrontar mejor las novedades y son más estables emocionalmente cuando se convierten en adultos.[3]

Nada más nacer, un cachorro depende del tacto para encontrar a su madre, estimular el flujo de leche para alimentarse y como fuente de consuelo. Las madres lamen y acarician a sus cachorros desde el nacimiento, lo que mejora su circulación y les anima a eliminar desechos para mantenerse sanos.

El lamido y el contacto ayudan a crear vínculos emocionales entre la madre y sus cachorros, y si un cachorro experimenta el contacto humano desde su nacimiento, le ayudará a desarrollar vínculos sociales con las personas a medida que crezca. En esta etapa, los cachorros pasan la mayor parte del tiempo durmiendo cerca unos de otros, obteniendo calor y seguridad de sus compañeros de camada y sustento de su madre.

Periodo transitorio: de dos a tres semanas

Este periodo de desarrollo es de rápido crecimiento y cambio. Los ojos empiezan a abrirse al principio de esta etapa, que puede comenzar entre los diez y los dieciséis días de edad. Los conductos auditivos se abren al final de este periodo, normalmente una semana después de que se abran los ojos, alrededor de los veinte días. Los dientes también salen en torno a los diecinueve o veinte días de edad, y el comportamiento de tu cachorro empieza a cambiar durante este periodo a medida que pasa de la fase neonatal a la de socialización. Los comportamientos que se observan durante la fase de transición pueden incluir gatear hacia delante y hacia atrás, ponerse de pie, caminar y orinar sin ser lamido por su madre. Los cachorros también empiezan a jugar a pelearse con sus compañeros de camada.

Socialización primaria: de tres a cinco semanas

En esta etapa, tu cachorro está aprendiendo a comunicarse con otros perros y la inhibición de la mordedura se aprende jugando. La inhibición de la mordida enseña a los cachorros la presión de la mordida y qué presión puede provocar una respuesta negativa por parte de sus compañeros de camada. Esta información es importante, ya que inicia al cachorro en el camino hacia una boca más blanda o, al menos, le permite comprender qué presión puede ser demasiado fuerte. Los cachorros también están más predispuestos a interactuar con los humanos durante este periodo, especialmente si han recibido un trato adecuado desde el nacimiento. Separar completamente a un cachorro de la camada durante este periodo de socialización primaria puede dar lugar a trastornos del comportamiento, como ansiedad por separación, trastornos compulsivos, miedo y agresividad.

A las cuatro o cinco semanas de vida se produce un cambio que inicia el proceso de destete. Es en este momento cuando la madre a veces se aleja de sus cachorros mientras estos maman. Esta desconexión inicia la transición de los cachorros de una dependencia total de la madre a seres sociales independientes que tienen que negociar un orden social.

La desconexión puede tener un profundo efecto en el bienestar emocional del cachorro, pero cuanto más resistente sea el cachorro, más fácil le resultará adaptarse. Los estudios han demostrado que cuanto más castigadora y amenazadora sea la madre con sus cachorros durante el proceso de desconexión, menos confianza social tendrán sus cachorros con las personas extrañas. Las madres que son más amables con sus cachorros y se comportan de manera menos amenazadora durante el proceso de destete tienden a tener cachorros más sociables con las personas y otros animales, y pueden desenvolverse mejor en entornos extraños. Si una madre no les da información importante sobre la fuerza de la mordedura u otros comportamientos sociales en esta etapa, los cachorros pueden ser difíciles de enseñar a medida que crecen, por lo que es importante una orientación suave por parte de la madre.[4]

Socialización secundaria: de seis a doce semanas

Los cachorros siguen aprendiendo habilidades sociales a medida que se adaptan al mundo humano, por lo que la socialización positiva y proactiva debe comenzar ahora en situaciones seguras y controladas. Los cachorros pueden aprender a interactuar con los humanos y a recibir recompensas como elogios, juegos, juguetes y comida apropiada para cachorros. El juego entre humanos y cachorros durante este periodo continúa enseñando cómo jugar y qué interacciones son las apropiadas.

Los primeros compañeros sociales de tu cachorro serán probablemente sus hermanos y aprenderá habilidades sociales vitales a través de la interacción social y el juego. La información que reciba de su madre y sus hermanos le servirá de base y, durante unas semanas importantes, tu cachorro aprenderá de las respuestas que reciba a las cosas que haga. Si muerde demasiado fuerte a otro cachorro durante el juego, recibirá información del otro cachorro o de la madre de que su mordida es demasiado fuerte y empezará a suavizarla. Si se separa a los cachorros demasiado pronto de la madre y de sus compañeros de camada, no recibirán esta valiosa información y podrían tener «mordidas duras» como resultado.

El aprendizaje social en torno a la comida también comienza en este momento. Mientras los cachorros aún se alimentan de su madre están muy cerca entre sí, a veces incluso trepan unos sobre otros para llegar a un pezón y amamantarse. Las señales sociales, como el movimiento de la cola, adquieren mayor importancia a medida que los cachorros crecen, porque el movimiento de la cola indica que el contacto físico y la proximidad no suponen una amenaza. El movimiento de la cola es una señal que los cachorros aprenden a partir de las cuatro o seis semanas, en cuanto se vuelven más activos y sociales. Esta señal, junto con las orejas bajas y el lamido, suele utilizarse como señal de apaciguamiento en torno a la comida o para solicitar comida al perro progenitor. Algunas madres regurgitan comida para sus cachorros, pero esto parece ocurrir cada vez menos en situaciones domésticas. El movimiento de la cola y otras señales sociales también se utilizan durante el juego para compensar si un mordisco ha sido demasiado fuerte o si el juego se vuelve demasiado brusco.

A las ocho semanas, el cerebro de tu cachorro habrá multiplicado por cinco su tamaño original y seguirá creciendo hasta que tenga un año. Es durante este delicado periodo cuando tu cachorro puede experimentar su primer episodio de miedo.

Periodo de miedo: de ocho a diez semanas

Los cachorros no nacen siendo animales sociables y no son instintivamente acogedores o confiados con los humanos, perros extraños y otros animales, por lo que aprenden a establecer vínculos con los demás a través de experiencias positivas tempranas. Esto se denomina socialización. Si los cachorros y los perros están expuestos a diferentes entornos y estímulos sociales de forma positiva, se fomenta su confianza. El momento sensible para la socialización es aproximadamente entre las cuatro y las doce semanas de edad, y los cachorros de entre ocho y diez semanas suelen experimentar lo que se conoce como periodo de miedo. Cualquier experiencia vital negativa que se produzca durante este periodo puede dejar una huella duradera para el resto de la vida del perro. Esta es una de las muchas razones por las que los cachorros criados en granjas o criaderos de cachorros y vendidos por internet o en tiendas de mascotas tienden a tener tantos problemas de comportamiento en la edad adulta. Los cachorros nacidos en estos ambientes se crían en entornos socialmente desfavorecidos y estresantes, con un trato limitado por parte de los humanos. Se les separa prematuramente de sus madres y luego sufren un transporte traumático a la tienda de mascotas, donde son manipulados por numerosas personas extrañas durante un periodo en que las experiencias sociales positivas son cruciales.

Periodo juvenil: de doce semanas a la madurez sexual

A las doce semanas, el cachorro suele estar en su nuevo hogar y alejado de otros perros, a menos que haya perros en casa. Si el cachorro es un perro único, es importante exponerlo a otros cachorros y perros adultos mientras se supervisan sus interacciones para garantizar que el cachorro tenga buenas experiencias.

La madurez sexual suele producirse entre los seis y los dieciocho meses de edad, pero varía según las razas. Algunas hembras comienzan su celo (ciclo) a los cinco meses de edad, pero no alcanzan la madurez social hasta los dieciocho meses o dos años.

Enriquecimiento y desarrollo cerebral

Tu cachorro ya ha experimentado muchos cambios en su crecimiento en el momento en que lo conoces. Puede que solo tenga dos o tres meses, pero ya ha vivido toda una vida, y esta primera parte del desarrollo ya ha desempeñado un papel importante en su aspecto, temperamento y comportamiento. Esto se debe a que su cerebro ha sido moldeado por sus primeras experiencias, y cuantas más experiencias positivas y enriquecedoras tenga en esas primeras semanas críticas y a medida que crezca, más posibilidades tendrá su cerebro de crecer y desarrollarse. Un cachorro puede tener todas sus neuronas al nacer, pero las experiencias las conectan. Los cachorros que nacen y se crían en entornos enriquecedores tienen cerebros más pesados que los que se crían con poco enriquecimiento.[5]

Los cachorros que se crían en entornos positivos desde el nacimiento también van a estar más preparados y serán capaces de enfrentarse mejor a todo tipo de situaciones novedosas que los cachorros que se crían en situaciones poco estimulantes o de aislamiento. La crianza temprana es fundamental para establecer conexiones entre las neuronas del cerebro, que a su vez desarrollan su resiliencia. Estudios científicos han descubierto que las deficiencias en el desarrollo temprano pueden tener efectos adversos en el comportamiento y la disposición de un perro en etapas posteriores de su vida.[6] Los cachorros son más resistentes emocionalmente cuando permanecen con sus madres hasta las siete u ocho semanas, mientras que los que se separan de ellas demasiado pronto son más propensos a ser temerosos, hiperactivos o incluso agresivos. El hecho de que un cachorro pueda adaptarse con éxito a nuevas situaciones o entornos aunque no haya tenido el mejor comienzo en la vida es un testimonio de su capacidad de recuperación.

Elegir a tu cachorro

Las preguntas más importantes que debes hacerte antes de quedar prendado de un cachorro son las siguientes: ¿Puedes proporcionarle todo lo que necesita y será feliz viviendo contigo? Piensa en el tipo de preguntas que te haría un posible cachorro si pudiera entrevistarte antes de entrar en tu casa. ¿Qué le dirías para demostrarle tu valía como persona o familia con la que vivir? Uno de los mayores errores que puede cometer un futuro propietario de un perro es elegir un cachorro basándose en su aspecto. Una raza de pastoreo, como un pastor australiano, por ejemplo, puede no ser la mejor mascota para un adicto al sofá, del mismo modo que un galgo puede no encajar bien en un hogar con gatos. Hay que tener en cuenta el nivel de compromiso y el estilo de vida de cada uno, así como la manera en que los animales que ya están en casa podrían convivir con el recién llegado.

Los perros también pueden ser caros. Los gastos de la tenencia responsable de un perro van mucho más allá de los básicos de comida, agua y cobijo. Un perro sano y feliz debe recibir atención veterinaria rutinaria, una dieta de alta calidad, ejercicio regular y estimulación mental. Pequeños gastos como un collar, una chapa y una cama para el perro pueden empezar a sumar. Aunque la decisión de traer un cachorro a casa sea puramente personal, tiene que ser una decisión aceptada por toda la familia.

La mejor edad para tener un cachorro es alrededor de las ocho semanas, pero esto puede variar ligeramente en función de lo rápido que se desarrolle el cachorro. A algunos criadores les gusta retener a sus cachorros hasta las doce semanas, mientras que otros tienen en cuenta la madurez de cada cachorro y los entregan a los hogares cuando ese cachorro está listo.

El mejor momento para traer un nuevo cachorro o perro a casa es cuando al menos un miembro de la familia tiene tiempo para estar con él durante el periodo de adaptación: dos semanas si es posible. Una vez en casa, deja que el cachorro investigue, explore y experimente con su nuevo entorno, prestándole mucha atención y dándole el espacio que necesita para adaptarse a su nuevo hogar. Exponer gradualmente a tu cachorro a estar lejos de ti durante breves periodos de tiempo le enseñará a desenvolverse mejor cuando esté solo.

¿Qué raza es la adecuada para mí?

La raza de tu cachorro no determina su destino. Cada perro es un individuo con sus particularidades. Incluso en las razas modernas altamente controladas, existen variaciones tanto en el aspecto como en el comportamiento. Dicho esto, los sabuesos tienden a desarrollar más su olfato, y los *retrievers* suelen aprender a recuperar cosas más fácilmente (como bien indica su nombre, que en inglés vendría a significar 'rescatar' o 'encontrar').

Las diferentes razas también pueden variar en su desarrollo típico y la aparición de ciertos instintos también varía según la raza. Algunos perros no desarrollan comportamientos de caza hasta después de que se cierre su etapa de socialización temprana, por lo que es poco probable que cacen a cualquier animal que se encuentren y con el que socialicen antes de que se cierre dicha etapa. Un pastor de Anatolia criado con cabras, por ejemplo, no mostrará un comportamiento depredador hacia las cabras que está protegiendo, pero puede perseguir, matar y comer conejos u otros animales pequeños. Las razas de guarda de ganado suelen desarrollar muy pocos comportamientos depredadores.

Existen varios tipos principales de razas que han evolucionado a lo largo del tiempo a medida que el ser humano las elegía por sus rasgos útiles. Es lo que se conoce como selección artificial. Es posible que la selección artificial no fuera consciente e intencionada en un principio y probablemente no implicara ningún tipo de cría selectiva. Lo más probable es que se produjera porque la gente alimentaba a los perros que rendían mejor, lo que a su vez aumentaba las probabilidades de que se reprodujeran, aunque la reproducción no estuviera controlada. También es posible que la gente favoreciera a los perros de cierta apariencia, independientemente de su éxito en el trabajo.

Estos son los principales tipos de razas:

- Los lebreles son majestuosos velocistas criados para la carrera y para perseguir presas guiados por la vista. Son muy útiles para los cazadores, ya que pueden ver pequeños movimientos desde distancias mucho mayores que los humanos. Su tendencia a perseguir cosas pequeñas que corren rápido puede no ser el mejor atributo si tienes otros animales pequeños de cualquier especie, pero muchos perros de este tipo de raza conviven satisfactoriamente con gatos y otros animales. Algunos ejemplos son los galgos, los loberos irlandeses, los borzois, los galgos italianos y los salukis.
- Los guardianes del ganado son muy valiosos para proteger los cultivos humanos y el ganado. Suelen ser perros «unipersonales» en el sentido de que no suelen ser socialmente gregarios. Algunos ejemplos son los pastores de Anatolia, los grandes pirineos, los komondors y los viejos perros pastores ingleses.
- Los pastores se utilizan para arrear el ganado en colaboración con los humanos. Estos perros suelen tener una mayor conciencia sensorial y son capaces de oír sonidos a grandes distancias, lo cual es importante cuando están trabajando. Les gusta acechar y perseguir, lo que resulta perfecto para el pastoreo de ovejas, vacas y otro ganado. Algunos ejemplos son el *border collie*, el pastor alemán, el pastor belga y el corgi.
- Todos los perros tienen un olfato increíble, pero los perros de rastreo son los superhéroes olfativos del mundo canino. Pertenecen a la clase de los sabuesos, pero tienden a olfatear más el suelo que a usar la vista y emplean una combinación de olfato terrestre y aéreo para encontrar a sus presas. Los humanos han aprovechado esta habilidad para encontrar rápidamente cosas que nosotros no podemos, como objetos o personas desaparecidas. Algunos

ejemplos son el sabueso de sangre, el sabueso de Rhodesia y el perro salchicha.

- Los perros falderos y las razas *toy* son apreciados por su pequeño tamaño y su mansedumbre. Cumplen muchas funciones, desde matar alimañas hasta ser simples compañeros de los humanos. Algunos ejemplos son los chihuahuas, los *bichons frisé*, los *Cavalier King Charles spaniel* y los pomerania.
- Los *terriers* son cazadores de alimañas y pueden trabajar sobre y bajo tierra. Estos perros son excelentes cazadores y están llenos de energía. Algunos ejemplos son el *Manchester terrier*, el *Norfolk terrier*, el *Parson Jack Russell terrier* y el *Scottish terrier*.
- Los perros de caza buscan y recuperan pájaros y otras presas pequeñas para el cazador. Son fuertes y ágiles, capaces de recorrer largas distancias y utilizan la vista y el olfato para rastrear y encontrar a sus presas. Algunos ejemplos son el labrador, el *golden retriever*, el *pointer* y el *spaniel*.
- Los perros de trabajo suelen ser grandes y muy fuertes. Inicialmente se criaban para tirar de cargas pesadas y también se les conoce como perros de carreta o de trineo. Algunos ejemplos son el mastín, el bóxer, el *doberman*, el *rottweiler* y el *schnauzer* gigante.

Cuando decimos que un perro tiene una personalidad, no debemos olvidar que, aunque sus rasgos pueden ser fiables y coherentes, también incluyen variaciones que dependen del entorno, la experiencia y los cambios relacionados con la edad. Puede que nuestro comportamiento cambie en función del entorno social en el que nos encontremos y, a medida que envejecemos, nuestra respuesta a las cosas también cambiará.

¿A qué nos referimos cuando decimos que queremos que nuestros cachorros sean amigables o extrovertidos? Cuando ponemos estas etiquetas a nuestros perros, esperamos que se «comporten» y sean fieles a esa etiqueta en todos los entornos y situaciones. Olvidamos el simple hecho de que nuestro comportamiento cambia dependiendo de dónde estemos y con quién estemos, y lo mismo ocurre con nuestros perros.

Yo misma soy una mezcla de etiquetas. Puedo ser extrovertida cuando doy clase a un grupo de alumnos o cuando hago mis espectáculos en directo ante mil personas en un teatro, pero soy introvertida cuando estoy en un cóctel y tengo que entablar conversaciones triviales con gente que no conozco. Soy una persona tranquila y compasiva, pero cuando veo una injusticia lucho por los más vulnerables.

Verás cambios de personalidad en tu cachorro a medida que crezca. Algunos de estos cambios serán positivos y otros podrían preocuparte, pero fíjate siempre en lo que influye en el comportamiento. Si te gusta, puedes darle a tu cachorro más oportunidades en esa situación, pero si no te gusta, evita esas situaciones para que esa variable siga siendo positiva.

Cada cachorro es diferente. Su personalidad es producto de la naturaleza y la crianza, influida por rasgos específicos de la raza. Cada perro tiene una personalidad que varía a medida que el cachorro envejece, pero aunque el paso del tiempo y otros factores provoquen cambios en el comportamiento, el perro adulto siempre conservará una personalidad de base fiable durante toda su vida.

Granjas de cachorros y tiendas de mascotas

Las granjas de cachorros crían perros a granel y con fines lucrativos, sin preocuparse por su salud o temperamento. Muchos de los cachorros que se venden en estos lugares presentan graves problemas de salud, y los que no mueren a las pocas semanas de la compra pueden tener problemas de salud durante toda su vida. El coste económico para las familias es abrumador, y muchos cachorros de estos criaderos acaban siendo sacrificados o abandonados en refugios.

En estas instalaciones no se realiza ningún cribado genético cuando se crían cachorros y la atención veterinaria es prácticamente nula o muy limitada. Hay muchos casos documentados de cachorros que se venden con enfermedades graves que también pueden transmitirse a los humanos. Entre ellas se encuentran parásitos intestinales como la giardia y especies menos comunes de coccidios. Los niños corren un riesgo especial si entran en contacto con estas enfermedades. El parvovirus, la brucelosis canina y el virus del moquillo canino también son enfermedades comunes que matan cachorros en estas granjas.

La vida en estas instalaciones es muy estresante, y el estrés afecta negativamente al sistema inmunitario, lo que hace a los perros más susceptibles a las enfermedades. El confinamiento y el hacinamiento permiten que las enfermedades se propaguen rápidamente y la comida y el agua sucias albergan microorganismos que también enferman a los animales. Los suelos de alambre provocan lesiones que rara vez se tratan. He ayudado a rescatar a muchos cachorros de estos lugares y los perros de cría suelen tener terribles afecciones cutáneas, dientes podridos, uñas encarnadas, infecciones oculares, infecciones respiratorias, mastitis y pulgas.

Mientras que los cachorros y los perros adultos sufren físicamente, el daño emocional de vivir en un entorno así también puede durar toda la vida. Los cachorros tienen poco contacto o experiencia con otros perros, personas o entornos en las semanas vitales en las que el desarrollo mental y físico es tan crucial. Estos cachorros son separados de sus madres y vendidos demasiado jóvenes (de cuatro a siete semanas de edad) para maximizar los beneficios. Es vital que los cachorros estén con sus madres y sus hermanos de camada hasta que tengan al menos ocho semanas, porque aprenden mucho sobre interacción social y valiosas lecciones de vida tanto de sus hermanos como de sus madres.

Las hembras reproductoras son utilizadas como máquinas y mantenidas en condiciones horribles durante toda su vida. La mayoría de las hembras nunca ven la luz del día ni sienten la hierba bajo sus pies. Algunas están tan enfermas que son incapaces de orientar a sus cachorros. Los estudios demuestran que el estrés materno prenatal puede inducir alteraciones duraderas en las estructuras y funciones cerebrales de las crías,[7] y muchos cachorros que proceden de criaderos están emocionalmente aletargados y no saben jugar con juguetes, otros perros o humanos. La mayoría de las madres que veo en estos lugares están demasiado agotadas para interactuar adecuadamente con sus cachorros.

Los perros machos utilizados para la cría se mantienen en condiciones similares. Cuando los perros adultos de ambos sexos ya no producen cachorros, a menudo se les ahoga, dispara, mata de hambre, gasea o electrocuta. Los criadores de cachorros rara vez recurren a la eutanasia humanitaria. Es muy normal encontrar fosas comunes cerca de las granjas llenas de cachorros y perros adultos que han sucumbido a enfermedades o han dejado de ser útiles.

Un estudio publicado en el *Journal of American Veterinary Medicine* en 2013 muestra que los cachorros adquiridos en criaderos presentan una mayor prevalencia de problemas de comportamiento en la edad adulta.[8] El estudio, motivado por los hallazgos de un estudio de 2011 de los mismos autores, muestra que los perros adultos rescatados de criaderos comerciales tienden a tener más problemas psicológicos que los perros de compañía criados en entornos domésticos enriquecedores y sugiere que las turbulentas vidas tempranas de los perros en criaderos comerciales podrían ser la razón de futuros comportamientos relacionados con el estrés. El alcance de las anomalías en perros procedentes de criaderos a gran escala es dramático. Los cachorros de granjas muestran un mayor riesgo de agresividad hacia sus dueños y otros perros, así como una mayor probabilidad de escaparse, vagabundear y huir. Tienen más probabilidades de ser miedosos, ansiosos y depresivos y son menos capaces de afrontar los retos y las novedades de la vida doméstica. El estudio de 2011 fue la primera prueba científica de que los perros confinados en granjas con fines de cría mostraban una salud mental deteriorada.

Independientemente de lo que digan los impresionantes papeles de linaje de la tienda de mascotas o de lo que le digan los dueños, los cachorros que venden proceden de granjas o criadores de traspatio. Un estudio reciente de la Humane Society of the United States calcula que el 99% de los cachorros que se venden en las tiendas de animales proceden de fábricas de cachorros y criaderos de traspatio. Muchas de estas instalaciones de cría están autorizadas por el USDA, pero no reguladas con regularidad.[9] La cría de cachorros es un negocio rentable y la única forma de acabar con él es que no haya demanda. Esto pondrá fin al abandono, el maltrato y la miseria de millones de perros y cachorros de cría en Estados Unidos, por lo que te recomiendo que adquieras tu cachorro en un refugio o a través de un criador autorizado. Solo recuerda: ningún criador respetable va a vender sus cachorros a una tienda de mascotas. Así que, por favor, evita adquirir tu cachorro en estos lugares a menos que sean algunas de las grandes cadenas que permiten utilizar sus tiendas como centros de adopción de perros y gatos.

Refugios

He pasado gran parte de mi vida profesional ayudando a rescatar animales y es mi trabajo favorito. Aunque me gustaría que no hubiera necesidad de refugios de rescate, la mayoría de los perros con los que trabajo en el sector público y privado provienen de este tipo de situaciones. Incluso después de todo lo que estos perros han experimentado, son algunos de los más resistentes, inteligentes y valientes con los que trabajo.

Los perros necesitan el contacto social con un grupo familiar que los mantenga a salvo y seguros. Por desgracia, a menudo la gente les abandona y se encuentran solos y abandonados en refugios donde los niveles de estrés suelen ser altos y pasan largas horas en un espacio reducido con escaso contacto social. Es una situación desesperada para muchos perros de refugio, pero su increíble capacidad de recuperación demuestra que pueden salir indemnes de ella. Algunos perros rescatados pueden acarrear ciertas secuelas, pero eso no les impide prosperar en un nuevo hogar con una familia. No hay nada mejor que ver a un perro irse a casa con su nueva familia y recibir fotos y correos electrónicos semanas, meses y, a veces, años después, mostrando lo feliz que es.

Desde luego, no estoy en contra de los buenos criadores, pero debido al problema de la superpoblación de mascotas, hay muchos cachorros y perros en los refugios que necesitan un hogar. Siempre animo a la gente a que acuda primero a los refugios. Los refugios tienen todo tipo de cachorros, y los rescates de razas específicas son un gran recurso si buscas una raza concreta.

Criadores autorizados

Un buen criador con licencia es alguien que cría por amor a una raza determinada. Se dedican a mejorar la salud y el temperamento de sus perros y nunca venden sus cachorros a una tienda de mascotas. Puede que se anuncien en Internet, pero no tienen perros de varias razas. No te propondrán quedar en un aparcamiento. No venderán sus cachorros en un mercadillo. Los buenos criadores te muestran a los padres (o al menos a la madre) del cachorro que estás mirando en la casa del criador, que debe estar limpia y todos los perros, incluida la madre, deben estar sanos y ser amigables. Los buenos criadores suelen centrarse en una o dos razas de perros y no tienen un gran número de perros y cachorros en su propiedad. También esperan a que sus cachorros tengan al menos ocho semanas antes de entregarlos a sus nuevos hogares.

Los criadores también proporcionan pruebas de los controles sanitarios de todos sus perros y cachorros. Algunos exigen que esterilices a su cachorro a una determinada edad, mientras que otros te animan a que no críes a tu cachorro si decides no esterilizarlo. Y, por último, un buen criador se preocupa por el bienestar de sus perros durante toda su vida de cachorros y adultos y suele exigir que firmes un contrato en el que te comprometas a devolver al cachorro o perro o a ayudarle a encontrar un nuevo hogar si necesita realojarlo por cualquier motivo.

El boca a boca y las referencias también son buenas para encontrar al cachorro perfecto, por lo que investigar y preguntar a personas que hayan comprado perros a criadores te garantiza que acudirás a la persona adecuada.

Abigail Witthauer, de Roverchase, en Birmingham (Alabama), cría *golden retrievers* principalmente para perros de servicio. Tiene buenos consejos para quienes estén pensando en comprar un cachorro a un criador. «En mi opinión», dice, «la mejor forma de descifrar si un criador es responsable y ético es si realiza pruebas de salud genética a sus perros antes de la cría. En los tiempos que corren, no hay excusa para que los criadores no realicen una gama completa de pruebas genéticas a todos sus perros de cría. Nosotros, como criadores, tenemos la responsabilidad moral y ética de producir perros con una salud, longevidad y temperamento superiores. Si no queremos o no podemos hacerlo, simplemente no deberíamos criar perros».[10]

También exige a sus compradores que lleven a sus cachorros a la escuela de adiestramiento. «Como criadora», añade, «el mayor regalo que puedo hacer a mis compradores de cachorros es el requisito de "la guardería para cachorros". En todos y cada uno de los contratos exigidos para comprar uno de mis cachorros, una de las estipulaciones es que deben asistir a una clase en grupo impartida por un adiestrador autorizado. Investigo mucho el lugar al que va a entrar cada uno de mis cachorros y selecciono un adiestrador o una selección de adiestradores que cumplan los criterios de los métodos de adiestramiento basados en la ciencia y en el refuerzo positivo, y exijo que cada cachorro empiece a asistir a una clase de socialización y experiencias inmediatamente después de entrar en su nuevo hogar. Es una forma maravillosa de empezar la vida con el nuevo miembro de la familia».

SUS PRIMERAS VECES

La llegada de un nuevo cachorro es un acontecimiento maravilloso que te cambia la vida, pero mientras te enfrentas a los cambios que un nuevo cachorro aporta a tu vida, no olvides cómo es la transición para él. Todo lo que experimenta es nuevo y, aunque algunos cachorros se adaptan muy rápidamente a sus nuevos hogares, otros tardan mucho más en asentarse y sentirse cómodos. Tu cachorro vivirá tantas experiencias nuevas durante las primeras semanas que tendrás que asegurarte de que no se sienta abrumado.

Si tu cachorro procede de un entorno en el que no ha tenido suficiente contacto con humanos ni ha socializado, debes centrarte en su socialización proactiva y positiva lo antes posible. No esperes, porque no dispones de mucho tiempo antes de que se cierre esta preciosa etapa de socialización, pero ten cuidado de no exponerlo a demasiadas cosas a la vez.

Preparación y seguridad

Prepárate. Asegúrate de que tienes todo lo necesario antes de llevar a tu cachorro a casa. Por ejemplo, comederos, camas, correas, jaulas, comida, juguetes, artículos de aseo y puertas para bebés. Siempre que tengas lo básico en orden, puedes tomarte tu tiempo para ver qué artículos adicionales puedes necesitar a medida que avanzas.

Protege tu casa para los cachorros del mismo modo que lo harías con un bebé o un niño pequeño. A los cachorros les encanta morder cables y comer cosas que no deberían, así que cualquier cosa que quede a su alcance se convertirá en parte de su juego.

Una forma eficaz de poner tu casa a prueba de cachorros es tumbarte en el suelo y observar el mundo desde su punto de vista. Es posible que veas cables y otros objetos masticables que podrían ser un problema si tu cachorro tiene acceso a ellos. Mantenerlo alejado de la tentación contribuye a su seguridad.

Llevar el cachorro a casa

Recuerda que todo es una primera vez tanto para tu cachorro como para ti. Dale tiempo para que se relaje y no le agobies con demasiadas atenciones, visitas o experiencias cuando llegue. Alivia la presión permitiéndole explorar tu casa, por dentro y por fuera. Asegúrate de estar ahí para darle confianza y elogiarlo cada vez que elija estar cerca de ti o tome la decisión de ir a explorar.

Puede llevar algún tiempo que tu cachorro se adapte a un entorno y una rutina nuevos, así que no esperes mucho de él demasiado pronto. Si tu cachorro parece nervioso, es posible que necesite más tiempo para acostumbrarse a su nuevo hogar. Puedes facilitarle la transición dándole la opción de acercarse a ti y a los demás miembros de la familia en lugar de entrar siempre en su espacio. Todo lo bueno viene de ti y de tu familia (comida, elogios, juegos y caricias), pero ve al ritmo de tu cachorro y obsérvalo de cerca para asegurarte de que no está estresado.

Cuando tu cachorro se haya acostumbrado a ti y a tu familia, preséntale a otros miembros de la familia, mascotas y amigos, pero asegúrate de hacerlo despacio. Todo el mundo quiere presumir de cachorro, pero al principio invita a la gente por separado para no abrumarlo. Cuantas más experiencias agradables tenga con otras personas y con las mascotas que tengas en casa, mejor será su transición.

No olvides nunca que tu casa y tus normas son nuevas y diferentes de lo que su cachorro ha vivido anteriormente. Independientemente de su origen, tu cachorro va a tener que seguir una serie de pautas totalmente nuevas, mientras tú y tu familia aprendéis también a convivir con él. Es posible que no sepas demasiado sobre su vida antes de que se convirtiera en tu cachorro, pero puede que nunca haya pisado una alfombra, visto juguetes de niños, oído el sonido de una aspiradora o estado cerca de otra especie animal. Permítele explorar con seguridad estas experiencias diferentes y alábale por estar tranquilo y ser lo bastante valiente para investigar cosas nuevas.

Recompensa el comportamiento que te guste desde el principio. Recuerda que los cachorros están aprendiendo todo el tiempo y no solo cuando tú les estás enseñando algo, así que si ves que tu cachorro hace algo que te gusta, dale una respuesta positiva que aumentará la probabilidad de que vuelva a hacerlo. Reforzar un comportamiento que te gusta hace que tu cachorro se sienta bien y ayuda a establecer ese vínculo tan importante entre vosotros.

Algunas de las actividades más mundanas para nosotros son las que más asustan a un cachorro: cortarle las uñas, bañarle, visitar al veterinario o al peluquero, que le toquen o incluso jugar con un juguete. Ninguno de estos acontecimientos (excepto las revisiones médicas) es más importante que la comodidad de tu cachorro, así que tómate tu tiempo y ponte en contacto con tu adiestrador para que le ayude a desarrollar la confianza de su cachorro y pueda enfrentarse a estos acontecimientos.

Dedica tiempo a hacer ejercicio y actividades divertidas y asegúrate de que el ejercicio es adecuado para la edad y el tamaño de tu cachorro. Los cachorros necesitan una actividad suave, así que ve a su ritmo y empieza a establecer una rutina. A los cachorros les gusta lo predecible y establecer un horario para comer, ir al baño, jugar y pasar tiempo en su caseta o cojín le ayudará a aclimatarse y a aprender a confiar en ti.

Ten cuidado de no cansarle en las primeras semanas. Los cachorros necesitan muchas siestas y se agotan fácilmente al asimilar tanta información. Si tu cachorro ha llegado de una zona rural a un pueblo o una ciudad, dale tiempo y espacio para que se adapte a un entorno más ajetreado. Un cachorro que ha tenido experiencias limitadas desde su nacimiento se encontrará con innumerables caras y cosas nuevas todos los días. Introducirle gradualmente y con suavidad a las nuevas vistas y sonidos de tu vecindario le permitirá vivir en su nuevo mundo con confianza.

Presentación del cachorro a tu perro

Introducir un nuevo cachorro en un hogar donde ya hay un perro puede resultar complicado, pero la mayoría de los perros se adaptan bien a la transición si reciben la orientación adecuada desde el principio. Los cachorros tienen mucha energía e incluso los perros muy sociables que ya viven en casa pueden sentirse frustrados con el nuevo inquilino. Asegúrate de supervisar todas las interacciones entre el cachorro y el perro, procurando intervenir antes de que las cosas se descontrolen. Responde adecuadamente a sus señales de angustia y presta atención a las que indiquen que tu perro se siente incómodo, ya que el conflicto resultante podría provocar que tanto el cachorro como el perro mostraran un comportamiento agresivo en un esfuerzo por aumentar la distancia social.

La coexistencia pacífica es el objetivo y puede lograrse de varias maneras, entre ellas vigilando las interacciones de ambos perros y reduciendo el estrés situacional y ambiental. Elimine cualquier factor desencadenante que pueda crear tensión, como la comida, los huesos o los juguetes. De este modo se reduce la necesidad de competir y pueden evitarse posibles peleas si se vigila la vigilancia del lugar que suele darse en los hogares con varios perros. Los juguetes y mordedores deben darse a los perros solo cuando estén separados y la alimentación puede hacerse por separado para que no haya tensión a la hora de comer. Si el cachorro es curioso por naturaleza, es posible que quiera investigar la comida del otro perro o compartir el juguete que está mordisqueando y eso podría no sentarle bien. Identificar los factores desencadenantes y minimizar el estrés de ambos perros ayudará a desarrollar una mejor relación entre ellos.

Si puedes, presenta tu perro al nuevo cachorro en el exterior. El espacio es muy importante para los perros y cuanto más espacio tengan tanto el cachorro como el perro para interactuar y explorar, mejor. Hay olores interesantes que descubrir fuera de casa y estas distracciones pueden ofrecer una salida, ofreciendo a ambos perros una actividad una vez que han sido presentados. Llévalos con correa hasta que estés seguro de que interactuarán sin peligro y, una vez que se sientan cómodos el uno con el otro, puedes llevarlos de vuelta al interior. Da tiempo a tu cachorro para descubrir su entorno con o sin la presencia del otro perro.

Si tu perro se siente incómodo con el recién llegado, puedes crear un escenario didáctico en el que la presencia del nuevo cachorro signifique cosas buenas para tu perro. Para ello, permanece en la habitación con su perro y pide a un amigo o familiar que entre en la habitación con el cachorro. Cuando el cachorro entre en la habitación, dale una golosina o juega con él. Dile también a tu cachorro lo bueno que es para que ambos reciban atención positiva en presencia del otro. Este ejercicio puede repetirse hasta que el perro mayor se sienta más cómodo. Un lenguaje corporal relajado y fluido y la voluntad de entablar contacto social con el cachorro indicarán que la técnica ha tenido éxito.

Pasear juntos a los perros les permite vivir experiencias positivas en presencia del otro. Para empezar, el cachorro necesita menos ejercicio que tu perro mayor, pero un pequeño paseo diario ayuda a aumentar ese vínculo. Empieza a enseñar a tu cachorro habilidades para la vida mientras das a tu perro un curso de repaso para que cuando ambos perros estén juntos puedan guiarse por tus indicaciones.

La gestión es igualmente importante para mantener la calma y las puertas para bebés pueden ser muy eficaces para dar a cada perro su espacio. En ocasiones, sin embargo, las puertas tienen el efecto contrario y exacerban las tensiones. En este caso, el cachorro y el perro deben estar en habitaciones separadas y solo se les debe permitir interactuar cuando tengan mucho espacio a su alrededor bajo tu supervisión activa. Pueden utilizarse otras herramientas para aliviar el estrés, como la feromona apaciguadora de perros, para darles una sensación de calma cuando estén cerca el uno del otro.

Al igual que ocurre con los seres humanos, habrá peleas ocasionales incluso entre los mejores amigos, pero es esencial que no sometas ni a tu cachorro ni a tu perro a ninguna situación que pueda provocar una reacción negativa entre ellos. Si tu perro no se adapta a tiempo al nuevo cachorro, es posible que tengas que buscar un nuevo hogar para él, pero esto puede evitarse si aplicas con diligencia todos los procedimientos de enseñanza y gestión para que tanto el perro como el cachorro puedan convivir pacíficamente en un entorno sin estrés. Recuerda que tu perro no ha formado parte del proceso de elección de su nuevo amigo, así que debes ser comprensivo con él y darle tiempo a adaptarse a los cambios que se producen en su vida cuando llega un nuevo cachorro a su hogar.

Cómo presentar tu cachorro a tu gato

Si vas a traer un cachorro a casa con un gato, debes dejar que el gato conserve la misma libertad que tenía antes de su llegada y asegurarte de que haya zonas prohibidas para el cachorro. Los cachorros tienden a ser menos amenazadores para los gatos debido a su menor tamaño, pero algunos gatos son bastante agresivos cuando se sienten amenazados, y debes asegurarte de que tu cachorro también esté protegido. Es inevitable que, una vez que se produzca el encuentro, tu cachorro sufra algún que otro manotazo correctivo por parte del gato, así que asegúrate de que las uñas de tu gato se mantienen cortas para evitar lesiones.

Durante las presentaciones iniciales, deja que tu cachorro explore su entorno y mantén a tu gato en otra habitación, detrás de una puerta y una puerta para bebés. De este modo se garantiza que no se produzca un encuentro fortuito entre ambos hasta que estén preparados. Construir una buena relación desde el principio y supervisar los encuentros iniciales es fundamental.

Una vez que el cachorro haya explorado parte de la casa sin el gato, llévalo a otra habitación y permite que tu gato explore la zona donde ha estado el cachorro. De este modo, tendrá la oportunidad de oler al nuevo cachorro y obtener información importante sobre él antes de que se conozcan.

Cuando estés preparado para que el gato y el cachorro se saluden, abre la puerta y deja que se olisqueen a través de la puerta para bebés. Tanto tu cachorro como tu gato dictarán cuánto tiempo necesitan antes de poder saludarse físicamente en la misma habitación, pero suele ser una buena idea hacer este ejercicio durante unos días para que se sientan cómodos con la presencia del otro.

Cuando llegue el momento de tenerlos en la misma habitación, ponle a tu cachorro un arnés y una correa suelta por si decide perseguir al gato o necesitas sacarlo de allí rápidamente. Asegúrate de que haya lugares a los que tu gato pueda escapar y elevarse, como un árbol para gatos. Ambos animales responderán mucho mejor el uno al otro si se sienten seguros, así que proporciónales un lugar de escape, como una zona alta para el gato o una jaula para el cachorro. Elogia mucho los saludos tranquilos y, si ocurre algo, sepárelos suavemente y vuelva al nivel anterior en el que ambos se sentían cómodos. Llega gradualmente a un punto en el que puedas intentar otro saludo.

Puede que tu cachorro y tu gato no se conviertan en mejores amigos de la noche a la mañana, pero es de esperar que se aclimaten rápidamente y acepten la presencia del otro. Tendrás que controlar su comportamiento mutuo durante un tiempo, sobre todo las interacciones enérgicas de un cachorro revoltoso.

La comida de gato es deliciosa para los perros por su alto contenido en proteínas, y las cacas de gato también son un manjar maravilloso. Asegúrese de que la comida de tu gato está colocada donde el cachorro no pueda acceder a ella y de que la caja de arena está en una zona segura. Si tu gato empieza a tener accidentes en el baño, cambia de sitio su caja de arena y asegúrate de que está situada en una zona tranquila, lejos de los ojos del cachorro.

El equipo adecuado

Una de las primeras cosas que debes hacer con tu cachorro es acostumbrarlo a llevar collar y a pasear con correa, aunque aún sea demasiado pequeño para salir a la calle. Empieza a enseñarle a andar con correa en casa o en el jardín antes de sacarlo a pasear.

Collares de nylon

Cuando le pongas el collar a tu cachorro por primera vez, puede que notes que parece incómodo y que no para de rascarse el cuello. Se trata de una reacción habitual que desaparecerá cuando se acostumbre. Piensa en la primera vez que te pusiste un reloj de pulsera o un anillo. Probablemente, al principio fuiste muy consciente de esta nueva sensación, pero al cabo de un tiempo te adaptaste y olvidaste que estaba ahí. Lo mismo le ocurrirá a tu cachorro siempre que el collar que lleve sea cómodo.

Arneses

Se puede pasear a los cachorros con collares planos de hebilla de nailon, pero yo prefiero los arneses y he aquí por qué. Los arneses son mucho más seguros, ya que distribuyen el peso uniformemente por todo el cuerpo, de modo que si tu cachorro tira, no hay presión sobre su delicado cuello. Hay muchos tipos diferentes de arneses. Un arnés con un clip situado en la espalda del cachorro donde se puede enganchar la correa es una opción estupenda para un cachorro que no tira de la correa. Le quita la presión y la incomodidad de un collar y elimina la tos y la asfixia. Estos arneses funcionan bien en cachorros, perros pequeños y perros que no son propensos a tirar o embestir.

Sin embargo, el arnés de sujeción a la espalda no es una buena idea para un cachorro que tira. Estos tipos de arneses pueden activar el reflejo de oposición del cachorro, lo que en realidad fomenta los tirones. También reducen al mínimo el nivel de control del adiestrador, lo que dificulta el paseo de un cachorro reactivo o que tira.

Mi arnés *Positively No-Pull* es una herramienta que puede ayudar a eliminar los tirones y darle más control. Un arnés de pecho tiene un clip frontal situado en el pecho del cachorro y otro junto a los hombros, mientras que el arnés *Positively No-Pull* tiene tres puntos de contacto, dos en el pecho y uno justo detrás de los hombros para un mayor control. El centro de gravedad del cachorro está situado en el pecho, así que cuando tira, la correa que está unida a la parte delantera del arnés de pecho simplemente gira su cuerpo. Lo diseñé para que tuviera tres puntos de contacto porque tres bucles ayudan a limitar más los tirones al contrarrestar el movimiento natural del arnés. Cada arnés se mueve cuando un perro se mueve, pero algunos arneses se mueven demasiado incluso cuando se ajustan correctamente. Cuando una correa se ata al lazo delantero del pecho en un arnés regular del pecho, el arnés puede moverse y el lazo puede desplazarse del centro del pecho al lado del pecho. Debido a que el lazo ya no está justo en el centro del pecho, el arnés puede perder esa acción de no tirar porque el lazo ya no está en el centro de gravedad del perro. Con dos bucles colocados en la parte delantera, justo a cada lado del centro del cachorro, puede contrarrestar el movimiento natural del arnés atando la correa al bucle más alejado de ti. Cuando el cachorro tire, el arnés se moverá un poco, desplazando el lazo hacia el centro del pecho, manteniendo así esa acción de no tirar.

Cualquier arnés que compres debe ajustarse correctamente. Evita los arneses que aprieten alrededor del cuerpo, las axilas o el pecho, o que queden demasiado cerca de la garganta del perro. Por ley, el perro debe seguir llevando collar para las placas de identificación, pero no es necesario atar una correa a ningún collar si se utiliza un arnés bueno y fiable que mantenga al perro seguro y cómodo.

Collares de estrangulamiento y de pinza

Los collares de estrangulamiento y de pinza siguen siendo muy populares entre los propietarios de perros. Suelen estar hechos de una cadena metálica y se ajustan al cuello del perro cuando el adiestrador tira de la correa. Los adiestradores aversivos suelen utilizar collares de ahogo y de púas para realizar «correcciones», básicamente causando dolor al perro cada vez que tira de la correa o se «porta mal». Aunque este tipo de adiestramiento puede detener los tirones o suprimir un comportamiento concreto en ese momento, no hace nada para llegar a la raíz del problema del perro y tampoco le enseña a caminar correctamente. Las correcciones de la correa con estos collares causan dolor y agravar los problemas de comportamiento, como el miedo y la agresividad.

Incluso si se utilizan sin correcciones, los collares de ahorque causan incomodidad y dolor y pueden lesionar el cuello, la cabeza y la médula espinal de su perro. Si palpa el cuello de su cachorro con las manos y luego palpa su propio cuello, podrá comprobar lo parecidos que son. La tráquea, el esófago, la glándula tiroides, los ganglios linfáticos, la vena yugular, los músculos y la columna vertebral están situados en lugares similares. La única diferencia entre el cuello de un perro y el de un ser humano es que, bajo el pelaje, la capa de piel de un perro solo tiene entre tres y cinco células de grosor, mientras que la capa superior de la piel de los seres humanos es más densa, con un grosor de entre diez y quince células.

La glándula tiroides se encuentra en la base del cuello, justo debajo de la laringe, cerca de donde se asienta cualquier collarín. Un solo tirón puede lesionar una glándula que controla muchas de las funciones vitales del organismo. Los estudios demuestran que la glándula tiroides se traumatiza gravemente cada vez que un perro tira de la correa, y se inflama. Cuando esto ocurre, es «atacada» por el propio sistema inmunitario que intenta eliminar las células tiroideas inflamadas. La destrucción de estas células provoca hipotiroidismo, que puede causar pérdida de energía, aumento de peso, problemas de piel, pérdida de pelo, infecciones de oído e insuficiencia orgánica.[1]

Los collares de púas también afectan a otras zonas del cuerpo, incluidos los ojos. Otro estudio demostró que cuando se aplica fuerza en el cuello mediante una correa y un collar de púas, aumenta significativamente la presión en los ojos. Este tipo de presión puede causar lesiones graves a cachorros o perros que ya tienen córneas finas, glaucoma o lesiones oculares. El mismo estudio se realizó con perros que llevaban arneses, que no tenían ningún impacto en la presión ocular cuando se aplicaba fuerza.[2]

Los collares de púas funcionan de forma similar a los collares de estrangulamiento, salvo que contienen púas metálicas en el interior que se clavan y pellizcan el cuello del perro si este tira de la correa. Los defensores de los collares de púas creen que la acción de pellizcar imita los dientes de una perra madre que agarra el cuello de un cachorro durante una corrección. No hay pruebas científicas que respalden esta afirmación y es poco probable que los perros relacionen el pellizco de un collar con el mordisco correctivo de una madre, sobre todo porque no hay ninguna madre canina físicamente presente.

Los perros que pasean con collares de púas también están constantemente sometidos a dolor e incomodidad, lo que crea miedo, ansiedad y agresividad en los paseos. Los perros que ya son reactivos con correa pueden volverse aún más reactivos debido a la frustración por la incomodidad del collar. Los cachorros que llevan collares de ahogo o de púas corren el riesgo de sufrir lesiones graves.

Un estudio de cuatrocientos perros concluyó que los tirones y sacudidas de la correa con cualquier collar son perjudiciales para el cuello y la garganta del perro. Una de las correlaciones más claras fue entre los daños cervicales (cuello) y los sacudidas y tirones; el 91% de los perros que presentaban lesiones cervicales también habían estado expuestos a tirones de la correa por parte del propietario o se les había permitido tirar con fuerza de la correa durante largos periodos de tiempo.[3]

Los perros no pueden decirnos cuándo sienten dolor. Soportan el estrangulamiento porque el impulso de tirar hacia delante a veces prevalece sobre el dolor en ese momento, pero las consecuencias son graves y duraderas. Incluso cuando hay tantas pruebas de que los collares de ahogo y de púas contribuyen a lesiones oculares, de cuello, espalda y columna vertebral, así como otros problemas en los perros, hay muchos que todavía creen que, si se usan «correctamente», estos collares son herramientas humanas y eficaces. Independientemente de su definición personal de «humanitario», es difícil argumentar que si algo tiene el potencial de causar tanto daño, pueda considerarse humanitario o seguro. Cualquier dispositivo que constriña un cuello, ya sea humano o canino, es peligroso y tiene el potencial de causar un daño real. Pruebe a aplicar una pequeña presión en su cuello y experimente lo que sufre un cachorro o un perro cuando se aplica fuerza a cualquier collar. Manténgase alejado de estos collares y utilice en su lugar un arnés. Compre un par de arneses distintos para que su cachorro se acostumbre a llevar equipos diferentes. Cambiar de arnés cada pocos días también ayuda a evitar que se produzcan roces y puntos calientes.

Collares de choque

Los collares de shock, remotos o *e-collars* son dispositivos electrónicos en el collar del perro controlados por radio que administran una corrección estática (descarga eléctrica) cada vez que una persona activa un dispositivo manual a distancia. Una descarga eléctrica es una reacción fisiológica provocada por el paso de corriente eléctrica a través del cuerpo. Dependiendo de la parte del cuerpo a la que se fije el dispositivo de descarga, la corriente atraviesa el músculo, la piel y el pelo. Cualquier tipo de aversivo, como una descarga eléctrica, tiene que ser relativamente fuerte para ser una corrección eficaz, y esto puede dar lugar a más descargas si el cachorro no obedece. Independientemente de lo que digan los defensores del adiestramiento con descargas, los collares de descarga, a distancia o electrónicos son dispositivos atroces y no deben utilizarse con ningún cachorro o perro adulto, independientemente de su edad, raza, tamaño, trabajo o problema de comportamiento.

Una descarga eléctrica, «golpecito», «presión», o cualquier otra palabra que les guste utilizar a las empresas de collares de descarga, es una sensación repentina y dolorosa y los estudios demuestran que pueden producirse comportamientos negativos a largo plazo, como la agresividad, tras una sola aplicación.[4]

El adiestramiento de choque se utiliza a menudo con perros considerados agresivos o de la «zona roja», porque los adiestradores de choque ven que el comportamiento agresivo o reactivo puede detenerse cuando se aplica una corrección estática. Si bien dar un choque a su perro cada vez que hace algo que no le gusta puede detener el comportamiento no deseado por ese momento, no hace nada para abordar por qué el cachorro se comporta de esta manera y no le da la oportunidad de aprender algo más apropiado o sentirse más seguro de estar cerca de algo o alguien que desencadenó su comportamiento y, con ello, el choque.

Algunos dispositivos emiten una señal auditiva o tono, que el perro suele oír antes de recibir la descarga y que, por tanto, asocia con el dolor de la descarga. Los defensores de los collares de descarga le dirán que, una vez que el perro ha establecido la asociación entre el tono y la descarga, es posible que no tenga que volver a utilizarla porque el tono es suficiente para que el perro deje de portarse mal. Sin embargo, estos defensores pasan por alto una regla de aprendizaje muy sencilla: como los perros asocian el tono y la descarga, el mero hecho de oír el tono puede poner muy ansioso al perro, debido a la dolorosa asociación.

Cuando se administra una descarga, el dolor y el malestar también pueden asociarse a otra cosa. Por ejemplo, si paseas a tu cachorro por la calle y este se abalanza hacia un niño para saludarle y le aplicas una descarga correctora porque crees que está siendo desobediente o que su comportamiento es inseguro hacia el niño, ¿para qué comportamiento recibe el cachorro percibe la corrección? ¿Por lanzarse? Puede que el hecho de que no vuelva a embestir a otro niño por el momento le produzca cierto alivio, pero ¿realmente entiende que no debe embestir a un niño o es porque se le ha enseñado que empujar a un niño es doloroso, de modo que ahora asocia a todos los niños con el dolor? Esta es una de las muchas razones por las que muchos perros adiestrados con collares de descarga pueden ser muy reactivos a diferentes estímulos en su entorno, porque ahora temen cualquier estímulo asociado con la experiencia dolorosa.

Algunos perros quedan tan traumatizados tras experimentar una sola descarga que el recuerdo del miedo queda grabado en el cerebro para siempre. Me entristece ver a perros que llevan collares de descarga porque normalmente se llama a adiestradores como yo para que reparen el daño causado por un adiestrador anterior que introdujo el dispositivo. Algunos de los cachorros y perros con los que he trabajado estaban tan traumatizados por la experiencia del shock que se apagaron por completo. Muchos se negaron a volver a sus patios o sufrieron quemaduras eléctricas con los collares que las empresas fabricantes afirman que son «seguros y humanos». Puede llevar mucho tiempo y mucho trabajo hacer que estos cachorros y perros vuelvan a sentirse seguros. La «solución sencilla» que ofrecen las empresas de este tipo de collares no es, de hecho, tan sencilla como prometen y puede causar toda una serie de problemas.

Cercas eléctricas

Tu cachorro estará mucho más seguro si se mantiene detrás de una valla sólida y no de un sistema de contención electrónico. Aunque las vallas eléctricas pueden mantener a tu cachorro dentro de los límites durante un tiempo, a menos que vea algo tan tentador que salga corriendo sin importarle la descarga que reciba, la valla eléctrica no mantiene nada fuera. Cualquiera puede entrar en tu propiedad y por eso a los ladrones les encantan las vallas eléctricas: los perros, y especialmente los cachorros, son mucho más fáciles de robar.

Vivo en un barrio que está lleno de vallas eléctricas porque los inmuebles que me rodean son muy abiertos. En los tablones de anuncios de nuestro barrio hay constantes mensajes pidiendo ayuda para encontrar a un perro que se ha perdido porque ha salido de la propiedad. En la descripción casi siempre se indica que el perro lleva un collar de descarga eléctrica.

El uso de collares de choque para adiestramiento o vallas de este tipo sigue siendo popular porque las empresas que fabrican dichos artefactos tienen materiales de marketing excepcionales y prometen resultados rápidos. Niki Tudge, fundadora de Pet Professional Guild, afirma que «los materiales de marketing de las empresas de vallas electrónicas suelen mostrar fotos y vídeos de perros retozando en enormes y frondosos céspedes verdes sin ninguna preocupación. Prometen "libertad" para tu perro, una y otra vez. Nosotros (los estadounidenses, en particular) estamos prácticamente predispuestos a reaccionar positivamente ante esa palabra. Pero, francamente, ¿es realmente libre un perro solo en un patio, con un collar electrónico de descargas automatizado atado fuertemente a su cuello?».[5]

La promesa de una opción de contención más barata o una solución rápida para un «mal» comportamiento es muy tentadora en una sociedad de soluciones rápidas, pero las empresas de descargas no dicen nada sobre la seguridad para las mascotas o las consecuencias conductuales en los perros que han sido adiestrados o contenidos mediante descargas. Es posible que pueda suprimir un comportamiento indeseable momentáneamente, pero un comportamiento suprimido no es un comportamiento cambiado y las soluciones rápidas se desbaratan igual de rápido.

¿Hay algo bueno en el adiestramiento con collar de choque? ¿Puede realmente adiestrar a los perros con eficacia o salvar las vidas de los perros agresivos que los adiestradores de choque dicen que el adiestramiento en positivo no puede solucionar? Por todo lo que he observado y experimentado en mi carrera, afirmo que en absoluto, porque a los adiestradores que nos centramos en técnicas positivas se nos llama constantemente para salvar la vida incluso de los perros más difíciles. Al fin y al cabo, tú tiene el poder de elegir cómo quieres enseñar a su cachorro y a tu perro adulto. Si estás pensando en seguir el camino de los electrochoques, espero que leer esto te haga recapacitar, porque si realmente quieres construir una buena relación con tu cachorro, aléjate de estos métodos y tómate tu tiempo para establecer un vínculo con tu cachorro sin utilizar maneras o equipos que intimiden o causen dolor y miedo. Y si aún no estás seguro, pregúntale a tu cachorro o perro qué prefiere. Pregúntale si prefiere aprender habilidades para la vida utilizando métodos divertidos y humanitarios o que le enseñen con métodos que causan dolor y la promesa de un dolor futuro si no obedece. ¿Cuál crees que sería la respuesta de tu cachorro?

Qué quiere tu cachorro

¿Cómo puedes saber lo que quiere tu cachorro? La lectura de este libro es una buena forma de averiguarlo, pero también deberías fijarte en lo que esperas de tu cachorro al mismo tiempo que averiguas cuáles son sus deseos naturales. Una vez hecho esto, podrás centrarte en los comportamientos que deseas incentivar en tu cachorro.

Los humanos necesitamos seguridad, amor, comida, agua y compañía. Nuestros perros tienen las mismas necesidades biológicas que nosotros, pero ¿cómo averiguar qué quiere tu cachorro en particular además de estas necesidades básicas? ¿Y coinciden algunas de sus necesidades y deseos con los tuyos?

Si le pidieras a tu cachorro que escribiera una lista con todo lo que desea, ¿qué crees que pediría? Sé que Jasmine y Sadie desean cosas muy diferentes.

La lista de Sadie sería algo así:

- Quiero mucha comida... todo el tiempo y siempre que la pido.
- Quiero estar siempre contigo. No quiero que te vayas nunca y me dejes sola.
- Quiero veinticuatro horas de caricias, ¡no pares!
- Quiero olerlo todo. Me encanta oler y quiero hacerlo todo el tiempo.

- No quiero que me lleves con correa.
- Quiero masticables, juegos de rompecabezas y muchos juguetes cargados de comida.
- Quiero que Jasmine deje de jorobarme cuando estoy masticando un hueso.

La lista de Jasmine sería algo así:

- No me preocupa la comida, pero me encanta la comida en los juguetes.
- Quiero sentarme en sitios altos como el sofá.
- Quiero perseguir a todas las ardillas que veo, todo el tiempo.
- No quiero que me toque gente extraña.
- Quiero jugar más a que me tiren la pelota.
- Quiero que le digas a Sadie que deje de morder mis juguetes.
- Quiero revolcarme en caca maloliente sin que me bañes después.

Ahora haz una lista de todo lo que crees que tu cachorro necesita y quiere y, a continuación, escribe todo lo que tú necesitas y quieres de tu cachorro. Comprueba si alguna de las listas coincide.

He aquí un ejemplo de lo que necesito y quiero de Jasmine y Sadie:

- Necesito amor y compañía.
- Quiero divertirme y jugar.
- Quiero que mis perros sean buenos compañeros de paseo y ejercicio.
- No quiero que mis perros se revuelquen en cosas malolientes.

- Quiero perros seguros de sí mismos que puedan quedarse solos durante cortos periodos de tiempo sin mordisquear cosas ni hacer sus necesidades en casa.
- No quiero que mis perros muerdan a nadie y necesito que acepten libremente a cualquiera que deje entrar en mi casa.
- Quiero que mis perros sean amistosos.

Como puedes ver, pedimos mucho a nuestros cachorros y perros, y a veces no nos damos cuenta de la presión que ejercemos sobre ellos para que sean perfectos. No queremos que mordisqueen nuestros muebles, que se coman nuestros zapatos o que nos pidan limosna mientras comemos; pero masticar es el pasatiempo favorito de los cachorros y los perros pasan la mayor parte de su vida hambrientos. Los cachorros, en particular, no saben que no pueden hacer sus necesidades en casa a menos que se les enseñe. Hacer sus necesidades fuera conlleva todo tipo de peligros e incomodidades, sobre todo cuando tienen que hacer caca bajo la lluvia o cuando el suelo está ardiendo por el calor del sol.

A menudo veo a gente corriendo por mi barrio con perros jadeantes arrastrando la correa detrás de ellos, pero ¿se han preguntado si a su perro le gusta correr o se aseguraron de que su perro tenía la resistencia necesaria para correr con ellos antes de empezar? El ritmo de un perro es muy diferente al nuestro y correr más despacio o intentar seguir el ritmo de una persona si el perro es muy pequeño resulta incómodo. Apuesto a que no se pararon a pensar en estas cuestiones, aunque tuvieran la mejor intención de proporcionarle un ejercicio beneficioso.

Así pues, aunque hay similitudes en lo que necesitan y quieren tanto los perros como las personas, queremos cosas muy distintas. A menos que negociemos desde ambas perspectivas, es probable que tengamos problemas. Para evitar problemas, empieza a pensar en las necesidades y deseos de tu cachorro desde el principio y sé consciente de lo que intenta decirte. No necesitamos a los perros para sobrevivir y ser felices, pero los perros domésticos necesitan nuestros cuidados para estar a salvo y sobrevivir, y a veces tienen que navegar por aguas turbulentas para conseguirlo.

Crear un vínculo

El vínculo humano-animal describe el apego emocional entre una persona y su mascota. Este vínculo se ve reforzado por sentimientos de afecto y el deseo de cuidar y proteger a esa mascota.

Es realmente sorprendente que tengamos un vínculo con los perros, teniendo en cuenta que somos dos especies depredadoras muy poderosas. El hecho de que humanos y perros puedan convivir en relativa armonía es un testimonio de la asombrosa capacidad de adaptación de ambas especies. La supervivencia depende de cómo se ajuste una especie a un entorno o situación cambiante, y los perros se han adaptado durante siglos a medida que evolucionaban con nosotros. Los perros comparten un antepasado común, el lobo gris, y los lobos son neofóbicos (no se adaptan bien a la novedad). Son animales increíblemente tímidos y no desean el contacto humano. Hasta la invención del transporte moderno, era muy difícil estudiar a los lobos en libertad.

Los perros domésticos han evolucionado para enfrentarse a la novedad. El perro se adapta cada día a cosas nuevas: una persona nueva que entra en casa, un perro extraño en la calle, vistas y sonidos diferentes durante un paseo o en el coche. La mayoría de los perros viven muy bien en un entorno doméstico humano y el hombre ha fomentado su capacidad de adaptación mediante la cría selectiva. Hemos criado perros no solo para que tengan un aspecto y un comportamiento determinados, también hemos creado una especie que tiene sentimientos genuinos de afecto hacia nosotros.

La teoría del apego ha demostrado que los seres humanos tienen una necesidad permanente de estrechar lazos afectivos entre sí. Los perros son como los humanos en el sentido de que su necesidad de apego significa que también les afectan la separación y la pérdida. El vínculo entre perros y personas puede ser tan fuerte como entre padres e hijos.

Las pruebas del vínculo social con nuestros perros son muy evidentes. Llamamos a los perros nuestros hijos y nos referimos a nosotros mismos como mamá y papá. Celebramos los cumpleaños de nuestros perros y les compramos regalos. Gastamos miles de dólares al año en comida, suministros, ropa y servicios. Esta es la forma en que mostramos amor a nuestros perros, pero el vínculo humano-animal no es nuevo. De hecho, las pruebas arqueológicas y antropológicas indican que nuestro vínculo con los perros ha existido a lo largo de nuestra historia.[6]

La oxitocina, conocida por ser la «hormona del amor», facilita el vínculo social. Cuando una madre coge en brazos a su bebé recién nacido por primera vez, su cuerpo libera oxitocina, que la une a su hijo. Experimentamos una oleada de oxitocina cuando nos enamoramos y cuando nuestros perros vienen a saludarnos al final de una larga jornada laboral. Un estudio ha demostrado que cuando los dueños acarician a sus perros, los niveles de oxitocina de estos aumentan después de cinco a veinticuatro minutos de haber sido acariciados, lo que demuestra que el contacto social positivo es beneficioso para ambas especies.[7]

La oxitocina refuerza los recuerdos sociales en el cerebro, lo que permite a los perros establecer vínculos durante las interacciones sociales y recordar la experiencia. Sin embargo, esto puede no ser siempre positivo, ya que las investigaciones también demuestran que la oxitocina puede causar dolor emocional y es la razón por la que las situaciones estresantes se recuerdan mucho tiempo después del suceso, desencadenando miedo y ansiedad en el futuro. Si una experiencia social es negativa o estresante, la hormona activa una parte del cerebro que intensifica el recuerdo.[8]

Recuerda que las primeras semanas formarán la impresión que su cachorro tendrá de ti durante el resto de su vida, por lo que tu comportamiento influirá en su actitud hacia ti. Crear un vínculo con tu cachorro es más importante para empezar que enseñarle señales como «siéntate», «ven» y «quieto», porque la relación que establezcas con él al principio de su vida contigo crea una base sólida para todo lo demás en vuestro futuro juntos. Si tu cachorro es juguetón, juega a lo que más le guste. Del mismo modo, si le encanta oler cosas, sácalo a pasear y a olfatear. Cuanto más te relacione tu cachorro con cosas agradables y divertidas, más querrá estar contigo y más rápido aprenderá cuando empieces a enseñarle habilidades para la vida.

Dar opciones a tu cachorro

A veces, los adiestradores de perros abruman a sus cachorros y perros adultos con tanto adiestramiento que estos pierden la capacidad de pensar por sí mismos y dependen por completo de las personas que los dirigen. Se está sobreentrenando a unos seres que son por naturaleza solucionadores de problemas independientes y se les está convirtiendo en mascotas dependientes. La comunidad positiva está más avanzada que la tradicional cuando se trata de observar y escuchar lo que tus perros intentan decirte, pero todavía se necesita un gran cambio en la comunidad positiva para interceder menos en ciertos aspectos. Hay que pasar del adiestramiento más estructurado al desarrollo de las habilidades sociales naturales de los perros y de su capacidad para resolver problemas.

He evolucionado como adiestradora y siempre estoy abierta a probar nuevas técnicas e ideas porque esta actitud ante el cambio me hace mejor profesional. Ahora trabajo de forma mucho más orgánica para dar a los perros el poder que necesitan para enfrentarse a situaciones que les resultan abrumadoras o aterradoras, así como la confianza necesaria para tomar sus propias decisiones. He observado cambios notables cuando los clientes se entrometen menos, porque cuanto más tienen que resolver sus perros los problemas y hacer las cosas por sí mismos sin interferencia humana, más seguros se vuelven.

Devolver el poder a los cachorros y a los perros adultos sin dejar de guiarlos no solo les ayuda a aprender cosas nuevas con rapidez, sino que también les permite adaptarse a situaciones y entornos nuevos con mucho más éxito. Depender menos de las señales y permitir que los cachorros aprendan lo que funciona en determinadas situaciones fomenta la confianza. Una guía flexible ayuda a los cachorros a ser más hábiles socialmente y a estar más equilibrados emocionalmente. No está en nuestra naturaleza ceder el control tan fácilmente, pero mantener un buen equilibrio entre el aprendizaje independiente y el dependiente marca una diferencia significativa en las vidas de nuestros cachorros y nuestros perros adultos. Para más información sobre el poder de dar opciones a su cachorro, consulte el capítulo:[4] «Cómo dar poder a tu cachorro».

El cachorro ruidoso

Los perros, al igual que los humanos, expresan sus emociones mediante la vocalización, incluidos los lloriqueos, los gruñidos y los ladridos. Es muy común que los cachorros se quejen y lloren cuando se adaptan a situaciones nuevas, pero las primeras noches contigo pueden ser muy inquietantes para un cachorro, por lo que colocar su cojín o una zona cerrada junto a su cama o hacer que duerma en la cama con tú le tranquilizará y le hará saber que no está solo. Prepárate para pasar algunas noches en vela mientras ambos descubrís vuestros horarios. Las salidas nocturnas del cachorro para ir al baño son agotadoras, pero se reducen gradualmente a medida que adquiere más control y empieza a dormir toda la noche. Una vez que esto ocurra con regularidad, el cojín o la zona cerrada puede alejarse de su cama y convertirse en una zona permanente para dormir, si así lo prefiere.

Cualquiera que haya criado a un cachorro sabe lo que es pasar noches en vela. Es inevitable que, al menos al principio, a algunos cachorros les cueste adaptarse a un nuevo hogar y vocalicen su malestar y soledad. Aunque esto es muy normal, es menos frecuente que los perros adultos y mayores ladren por la noche y más aún si el comportamiento comienza sin ningún desencadenante conocido.

Cuando un cachorro está con su madre y sus hermanos, tiene cubiertas sus necesidades básicas de comida, calor y comodidad. Puede elegir cuándo comer, hacer sus necesidades y jugar con sus hermanos, pero cuando viene contigo, no solo pierde la comodidad de su familia canina, sino que tiene que adaptarse a un entorno y unos horarios completamente nuevos. Es comprensible que esta transición provoque a veces ansiedad y confusión, y es una de las principales razones por las que los cachorros vocalizan por la noche.

Incluso hoy en día, a los nuevos propietarios de cachorros se les suele decir que ignoren los lloriqueos de su cachorro y que solo le presten atención cuando esté tranquilo. Esta técnica funciona con algunos cachorros, pero el potencial de consecuencias es grande. No hay muchos estudios sobre los efectos del llanto controlado en cachorros, pero sí los hay sobre el llanto controlado en bebés.

El llanto controlado consiste en dejar llorar al bebé durante periodos de tiempo cada vez más largos antes de proporcionarle consuelo. El periodo de tiempo, más que el nivel de angustia del bebé, se utiliza para determinar cuándo atender al bebé o al niño pequeño. El objetivo del llanto controlado es enseñar a los bebés a dormirse solos y evitar que lloren o griten durante la noche.

Según la Asociación Australiana de Salud Mental Infantil, el llanto controlado es una «señal de angustia o malestar de un lactante o niño pequeño para hacer saber a su cuidador que necesita ayuda. Desde una perspectiva evolutiva, el llanto promueve la proximidad al cuidador principal, en aras de la supervivencia y el desarrollo de vínculos sociales».[9] Aunque algunas investigaciones sugieren que el llanto controlado funciona, otros estudios demuestran que, en realidad, aumenta los niveles de cortisol en el cerebro del bebé.[10]

La crianza sensible, además de sostener y calmar al bebé, le ayuda a desarrollar una sensación de seguridad y un apego seguro. Negarle seguridad en esos momentos puede ser angustioso y tener un impacto psicológico negativo. La investigación ha demostrado que demasiado estrés es perjudicial para los bebés, pero cada niño es diferente, por lo que es difícil medir cuánto es demasiado.[11]

Dado que los cachorros son similares a los bebés en cuanto a desarrollo cerebral, es lógico que cogerlo en brazos y tranquilizarlo cuando llora le ayude a sentirse seguro y protegido. Los estudios han demostrado que dar a un cachorro lo que necesita cuando lo pide conduce a una mayor independencia, una mayor exploración y una mayor confianza cuando se le deja solo.[12]

Que tu cachorro duerma contigo le da calor y confort. Si no quieres que tu cachorro duerma en tu cama, pon su cojín o su cama junto a la tuya para que puedas tenderle una mano tranquilizadora y demostrarle que no está solo. Puedes poner un peluche calentito en su cama para que tenga algo junto a lo que acurrucarse, igual que cuando estaba con sus compañeros de camada. Si tu cachorro sigue llorando, es posible que tenga hambre, que necesite ir al baño o que tenga algún problema médico que deba tratarse.

Cuando los cachorros crecen, tienden a encontrar sus propios lugares para dormir y son más resistentes a los cambios. Si no quieres que tu cachorro duerma en tu cama o junto a ella, haz la transición a su nuevo dormitorio poco a poco y dale a elegir lugares cómodos para dormir.

Si tiene un perro adulto o senior que gime y ladra por la noche, puede deberse a que esté nervioso, responda a un ruido en su entorno, se sienta mal o tenga problemas con sus ciclos de vigilia y sueño. Los perros mayores que padecen disfunción cognitiva canina («demencia canina») suelen tener alterados los ciclos del sueño y se vuelven inquietos y ruidosos por la noche. Si tu perro presenta alguno de estos comportamientos, es importante que lo lleve al veterinario o al especialista en comportamiento veterinario antes de buscar la ayuda de un adiestrador en positivo certificado.

Todo esto puede evitarse si se satisfacen las necesidades del cachorro desde el principio. Es mucho mejor prevenir la angustia de tu cachorro desde el principio que tener que lidiar con ella porque hay una necesidad que no ha sido satisfecha.

El ejercicio y el enriquecimiento mental pueden reducir significativamente los lloriqueos y ladridos nocturnos, al igual que dar a su cachorro muchas oportunidades de hacer sus necesidades a lo largo del día. No utilices nunca el castigo o la intimidación para impedir que tu cachorro se exprese, ya que esto solo sirve para aumentar la ansiedad y empeorar el comportamiento. La clave para reducir los ladridos o lloriqueos nocturnos es asegurarse de que se satisfacen todos los deseos y necesidades de tu cachorro a lo largo del día, independientemente de por qué se produzca el comportamiento.

El cachorro sano

Una buena salud física y mental empieza con una visita al veterinario. Muchos perros desarrollan una aversión al veterinario porque su primer encuentro como cachorros suele ser para las vacunas, lo que puede resultar doloroso y abrumador. Una mala experiencia puede convertirse en un miedo para toda la vida, así que, una vez que tu cachorro se haya instalado en casa, llévalo al veterinario y asegúrate de que le sucedan muchas cosas maravillosas cuando llegue. Llévate su comida o juguetes favoritos y pide a algunos miembros del personal que le den de comer o jueguen con él. Es una ventaja añadida si puede interactuar brevemente con su veterinario mientras está allí, pero incluso si no puede, haz una visita divertida sin revisiones ni inyecciones.

Muchos adiestradores imparten clases de juego o adiestramiento para cachorros en el vestíbulo del hospital veterinario, lo que garantiza que los cachorros tengan experiencias divertidas en un entorno hospitalario.

Habla con tu veterinario sobre un protocolo de salud y bienestar para tu cachorro, que incluya un calendario de vacunaciones y revisiones de bienestar. Algunos veterinarios insisten en que, una vez completadas todas las vacunaciones, sus clientes deben acudir a visitas de bienestar cada seis meses o una vez al año.

Vacunas

Vacunar a su cachorro es una parte vital de la tenencia responsable de un animal de compañía. El sistema inmunitario infantil de un cachorro es especialmente propenso a las enfermedades, por lo que vacunarlo es crucial para tener una mascota sana y feliz. Las preguntas sobre cuándo y cómo vacunar y para qué vacunar son fuente de debate, y a medida que evoluciona la medicina veterinaria, también lo hace la necesidad de mantenerse informado:

En un blog reciente, Jean Dodds, DVM, estima que «solo alrededor del 40% de los veterinarios siguen las directrices actuales de las normas de vacunación». No existe la vacunación «al día» o «a su debido tiempo». Los veterinarios avanzados ahora pueden ofrecer un paquete de componentes de vacunas separados, cuando estén disponibles, en lugar de administrarlas todas juntas, ya que los datos publicados muestran más reacciones adversas cuando se administran varias vacunas al mismo tiempo.[3]

Cuándo vacunar

Los veterinarios suelen recomendar que las vacunas comiencen a las seis semanas de edad con una única inyección DAPP (moquillo, adenovirus, parvovirus y parainfluenza).

A las nueve semanas, el DAPP necesita un refuerzo y tu cachorro puede recibir su primera vacuna de Bordetella, si la necesita. A las doce semanas, tu cachorro recibirá un refuerzo de DAPP y una vacuna contra la rabia, dependiendo de cuáles sean las ordenanzas locales y estatales. Si frecuenta entornos donde hay muchos otros perros, es necesario un refuerzo de Bordetella y puede administrarse una vacuna contra la leptospirosis si se considera que está en riesgo. Pero se trata de vacunas fuertes, por lo que se aconseja un descanso entre vacunaciones.

A las dieciséis semanas, tu cachorro recibe la última vacuna DAPP y la vacuna de la rabia si no la recibió a las doce semanas. También recibirá un refuerzo contra la leptospirosis si se vacunó anteriormente, pero, de nuevo, se trata de vacunas potentes que deben administrarse separadas por recomendación veterinaria.

Un año después de la cita de las dieciséis semanas, el cachorro se someterá a su examen anual y a refuerzos de vacunas (DAPP, rabia, Lepto y Bordetella). En este momento, las vacunas contra la rabia y DAPP se pueden realizar cada tres años.

La Lepto y la Bordetella deben seguir siendo vacunas anuales, y puede ser necesario administrar la Bordetella cada seis meses, si se considera que el perro está en situación de riesgo.

Sin embargo, los calendarios de vacunación podrían estar cambiando. Según Dodds, «los expertos en vacunas han recomendado recientemente nuevos protocolos para perros y gatos. Estos incluyen:

1. Administrar la serie de vacunas del cachorro más tarde, no antes de las ocho semanas de edad, excepto en los casos de brotes de enfermedades víricas virulentas o en los huérfanos o los que nunca recibieron calostro de sus madres, seguido de un refuerzo al año de edad;
2. administrar más refuerzos en una vacuna combinada cada tres años o como componentes divididos alternando cada dos años; hasta
3. que la mascota alcance la edad geriátrica, momento en el que es probable que la vacunación de refuerzo sea innecesaria y puede ser insegura para aquellos con trastornos inmunológicos o relacionados con el envejecimiento».[14]

¿Qué hacer ante tanta información confusa? Es importante que tu cachorro reciba la mayoría de las vacunas esenciales, pero puedes investigar más sobre el tema y hablar con tu veterinario para ver qué te recomienda. Si el veterinario te dice que tu cachorro debe recibir todas las vacunas esenciales al mismo tiempo, quizá quieras preguntarle si es conveniente espaciarlas o pedir una segunda opinión a otro veterinario. Las multivacunas pueden ser muy duras para el organismo de tu cachorro, sobre todo las vacunas más fuertes contra la rabia y la leptospirosis.

Vacunas esenciales

Las vacunas básicas son necesarias y algunas están especificadas por ley, incluida la vacuna contra la rabia. Las he desglosado aquí para que quede claro para qué sirven y por qué son necesarias.

Rabia

La vacuna contra la rabia es obligatoria por ley en todos los estados de Estados Unidos. La rabia es un virus devastador que con frecuencia portan los animales salvajes y que puede transmitirse a su mascota a través de la saliva y otras secreciones. La rabia es una enfermedad zoonótica (es decir, puede transmitirse a los humanos) y puede ser mortal si no se trata rápidamente. Es importante que tu mascota tenga al día la vacuna contra la rabia y que conozcas las leyes estatales de tu zona en caso de que tu perro muerda a alguien o sea mordido por la fauna salvaje local.

Parvovirus

El parvovirus es muy contagioso entre cachorros no vacunados. El virus infecta las células del intestino delgado, lo que provoca diarrea grave, deshidratación y letargo. Dado que este virus infecta tejidos que se dividen rápidamente, puede matar rápidamente a un cachorro. El único tratamiento para el parvo es mantener al cachorro hidratado con líquidos intravenosos.

Adenovirus

El adenovirus causa infección hepática en los perros. El virus se propaga fácilmente a través de los fluidos corporales y las excreciones. Los síntomas incluyen fiebre, letargo, secreción ocular, hematomas en la piel, vómitos y diarrea.

Moquillo

El moquillo está estrechamente relacionado con el sarampión en las personas, pero no es una enfermedad zoonótica. El virus se propaga por el aire como un resfriado. Los síntomas incluyen secreción ocular y nasal y, si no se trata, puede provocar neumonía.

Vacunas no esenciales

Las vacunas no esenciales deben administrarse caso por caso. No deben administrarse al mismo tiempo que otros tipos de vacunas. Piensa en administrar estas vacunas no esenciales si tu cachorro se baña con frecuencia en arroyos y otras masas de agua natural, va a guarderías o residencias caninas, o frecuenta parques para perros y otros lugares donde hay amigos perrunos.

Gripe canina

El virus de la gripe se propaga como los virus del resfriado y la gripe en las personas, pero no es una enfermedad zoonótica. Los síntomas incluyen letargo, fiebre, pérdida de apetito, secreción nasal y tos. Debes vacunar contra la gripe a tu cachorro si está expuesto regularmente a otros perros en guarderías o perreras y hay indicios de gripe canina en su zona.

Bordetella

La Bordetella es más comúnmente conocida como «tos de las perreras» y está causada por una infección bacteriana secundaria con Bordetella después de que el perro se haya infectado con el virus de la gripe canina. Esta enfermedad es una bronquitis infecciosa de los perros que se caracteriza por una tos seca y áspera que puede sonar como si tuviera algo atascado en la garganta. Su perro necesitará esta vacuna si se relaciona con otros perros en parques caninos y guarderías.

Leptospirosis

La leptospirosis es una bacteria que se propaga a través de la orina de la fauna local y contamina el agua y el suelo. Una vez expuesto, el organismo afecta principalmente al hígado y los riñones del perro. Se considera que la mayoría de los perros están en riesgo, ya que se han registrado casos en todo Estados Unidos; la exposición a la fauna local es muy difícil de prevenir. Si tu perro nada y bebe en arroyos y lagos, considera la posibilidad de vacunarlo. Los síntomas de la enfermedad son letargo, fiebre, aumento de las ganas de beber y orinar y, en algunos casos, vómitos y diarrea.

Coronavirus

El coronavirus es una enfermedad muy contagiosa que es leve si es la única infección, pero tu cachorro puede enfermar gravemente si la infección se combina con el parvovirus. Los síntomas incluyen vómitos y diarrea.

¿Son seguras las vacunas?

Independientemente del debate en la comunidad veterinaria sobre qué vacunas deben administrarse y cuándo, el consenso general es que las vacunas, especialmente las de los cachorros, son vitales para el bienestar de su cachorro y para la seguridad y el bienestar de la comunidad.

En raras ocasiones, los perros pueden tener reacciones adversas a las vacunas, denominadas vacuninosis. Algunas reacciones son leves, mientras que otras pueden ser potencialmente mortales. Si tu perro tiene una reacción a una vacuna, el veterinario puede aconsejarte sobre la mejor manera de mantenerlo inmunizado sin someterlo a vacunas adicionales innecesarias. Siempre debes vigilar a tu perro para detectar cualquier cambio de salud o comportamiento inmediatamente después de la administración de cualquier vacuna. Una intervención rápida puede evitar la aparición de síntomas más graves.

Vacunas y socialización del cachorro

¿Puedo socializar a mi cachorro con otros cachorros y perros antes de que tenga todas sus vacunas? Esta pregunta me la hacen a menudo y, aunque debe evitar llevar a su cachorro a zonas muy frecuentadas por otros perros (como tiendas de mascotas, parques caninos, etc.) hasta que esté totalmente vacunado, también es importante que no lo mantenga aislado ni le impida interactuar con otros perros. Si lo hace, se perderá sus periodos críticos de miedo, en los que es extremadamente importante que el cachorro tenga experiencias positivas.

Busca un adiestrador certificado en adiestramiento positivo que imparta clases para cachorros. Estas clases están especialmente diseñadas para que resulten divertidas y seguras para tu cachorro. Organiza encuentros de juego en tu casa o en el jardín con perros vacunados que conozcas. Invita a amigos y familiares para que te ayuden a socializar con tu cachorro y asegúrate de que se lavan las manos antes de tocarlo. Lleve a su cachorro a dar paseos en coche para que conozca el mundo que le rodea, asegurándose de que el coche es un lugar seguro y de que el viaje en coche es una experiencia agradable para él.

Los veterinarios especialistas en comportamiento advierten de que el riesgo de desarrollar problemas de comportamiento (especialmente agresividad) es mayor que el riesgo de desarrollar enfermedades en cachorros por lo demás sanos. Ya en 2004, el renombrado veterinario R. K. Anderson lo proclamó en una carta abierta a sus colegas veterinarios: «¡La vacunación del cachorro y la socialización temprana deben ir juntas!».[15]

Lynn Honeckman, DVM, nos dice: «Hay una ventana de oportunidad muy pequeña durante la cual es nuestro trabajo enseñar a nuestros cachorros que el mundo es un lugar seguro. Una vez que se cierra la ventana del "periodo crítico" de cuatro a doce semanas, el cachorro que socializaba amistosamente y que estaba abierto a aceptar el amplio y maravilloso mundo, entra en un periodo de desarrollo de adquisición del miedo. Así que a menos que tú y tu perro planeéis vivir en el bosque y necesitéis protegeros de otros perros, preparar a tu cachorro para vivir en un entorno domesticado y lleno de otros perros tiene más sentido».[16]

Parásitos comunes

Los parásitos pueden causar graves problemas, sobre todo a los cachorros jóvenes, por lo que es vital que protejas a tu cachorro de estas plagas desde el principio. Consulta con tu veterinario cuáles son los mejores medicamentos y cuándo utilizarlos para que tu cachorro esté protegido pero no sobrecargado con una medicación demasiado fuerte en un momento dado.

Pulgas

Las pulgas son probablemente el parásito más común en los perros y pueden ser un problema durante todo el año. Las pulgas suelen causar uno o más de los siguientes problemas:

- Picor de leve a intenso, rascarse, morderse y masticar.
- Hipersensibilidad o alergia a la saliva de las pulgas y problemas cutáneos resultantes.
- Transmisión de tenias.
- Anemia y posible muerte (más frecuente en animales muy jóvenes o pequeños).

Las pulgas pueden detectarse mediante examen directo. La presencia de suciedad de pulgas (pequeñas motas negras de heces secas de pulgas) en el perro también confirma la presencia de pulgas que suelen encontrarse alrededor del cuello, los cuartos traseros y por encima de la base de la cola.

Garrapatas

Estas criaturas pueden causar signos que van desde una leve irritación local hasta una anemia grave. Además, las garrapatas pueden transmitir muchas otras enfermedades a animales y humanos. Estas enfermedades incluyen, entre otras, la enfermedad de Lyme. Las garrapatas pueden detectarse mediante examen directo. Quitarlas es fácil con un par de pinzas, agarrando la cabeza de la garrapata con las pinzas y girando mientras tiras de la garrapata hacia fuera, asegurándote de coger también las patas. Cualquier parte del cuerpo de la garrapata que quede en la piel puede causar infecciones, por lo que es importante extraer la garrapata por completo.

Ácaros y piojos

Son menos frecuentes en los perros que las pulgas y las garrapatas. Los dos tipos principales de ácaros son la sarna sarcóptica y la sarna demodéctica, una enfermedad que suele aparecer cuando un perro no está bien cuidado y no recibe la atención veterinaria necesaria. Los síntomas incluyen picor, pérdida de pelo, caspa, lesiones y sangrado de la piel. La sarna sarcóptica puede transmitirse a las personas.

Endoparásitos

Estos parásitos viven en el interior de los perros e incluyen gusanos del corazón, ascárides, anquilostomas, tricocéfalos y tenias. Es de vital importancia que tu cachorro sea desparasitado con regularidad y que se administre mensualmente medicación preventiva contra los parásitos del corazón a los perros de zonas infectadas.

Gusanos del corazón

Los gusanos del corazón se transmiten a perros y gatos a través de la picadura de un mosquito infectado. Los gusanos adultos viven principalmente en los principales vasos sanguíneos del corazón y los pulmones. Los gusanos inmaduros circulan por los vasos sanguíneos del resto del cuerpo. Los signos de los gusanos del corazón pueden ser vagos y difíciles de detectar hasta una fase avanzada de la enfermedad. Incluyen tos, dificultad para respirar, jadeo, intolerancia al ejercicio, disminución del nivel de actividad y muerte súbita. Los gusanos del corazón pueden detectarse fácilmente mediante un análisis de sangre anual en zonas donde la probabilidad de contraerlos es alta.

Gusanos redondos, anquilostomas y tricocéfalos

Los ascárides, anquilostomas y tricocéfalos son algunos de los parásitos internos más comunes. Estos parásitos viven en el tracto gastrointestinal de los perros y pueden causar diarrea, anemia, empeoramiento de la condición física, etc. Estos parásitos pueden detectarse fácilmente analizando las cacas de un cachorro.

Tenias

Las tenias son otro ejemplo de parásito gastrointestinal. Las tenias también pueden causar diarrea, pérdida de peso y mala condición corporal. Las pulgas pueden portar y transmitir tenias a los perros o pueden ser transmitidas por roedores y conejos.

Infecciones comunes

Los cachorros también son susceptibles a las infecciones. Estas son las infecciones más comunes que debes buscar.

Infección de oído

Una infección de oído puede aparecer sin previo aviso y caracterizarse por rascarse excesivamente las orejas y sacudir la cabeza. A menudo sale mal olor de los oídos, que pueden estar enrojecidos e inflamados, y si la infección es crónica, la parte externa del oído puede engrosarse y volverse irregular.

Si tu cachorro tiene infecciones de oído recurrentes, el veterinario investigará si existe una causa subyacente, como las alergias. Para los perros propensos a las infecciones de oído, la limpieza de los oídos con un producto aprobado por el veterinario después de nadar o bañarse puede ayudar a reducir el riesgo de una infección de oído.

Infección urinaria

Si te cuesta mucho enseñar a tu cachorro a ir al baño o notas que vuelve a tener accidentes, es posible que tenga una infección urinaria. Esta infección se caracteriza por micciones frecuentes, eliminación inapropiada y sangre en la orina. Es necesario que un veterinario realice un análisis de orina para confirmar la presencia de la infección y asegurarse de que no hay cristales de orina (sustancias químicas solidificadas en la orina que suelen acompañar a las infecciones).

Pioderma del cachorro

La pioderma del cachorro suele aparecer en cachorros de ocho a diez semanas de edad y se caracteriza por lesiones cutáneas enrojecidas. Suelen aparecer en el vientre, las axilas y las ingles del cachorro, pero pueden aparecer en cualquier parte. Las lesiones no son dolorosas y rara vez pican. A menudo se recetan antibióticos para esta enfermedad.

Puntos calientes

Los puntos calientes (también conocidos como dermatitis húmeda aguda) son muy comunes. Si vives en una zona donde la humedad es alta o tu cachorro tiene alergia a las pulgas, esta afección puede agudizarse muy rápidamente. Los síntomas incluyen picor en la piel y lesiones que pueden infectarse rápidamente al lamerse o rascarse.

Problemas del saco anal

Los sacos anales son glándulas situadas a ambos lados del ano que excretan un líquido que contiene feromonas. Cuando tu cachorro hace caca, sus glándulas anales se excretan de forma natural, pero a veces pueden quedar obstruidas. Si ves que tu cachorro restriega las nalgas con el suelo o percibes un olor a pescado en su parte trasera, es posible que el líquido de sus glándulas anales deba ser extraído manualmente por tu veterinario.

Alimentar a tu cachorro

El sector de la alimentación canina es un campo minado de enormes proporciones. La gente está tan preocupada por lo que da de comer a sus perros como por cómo los educa. Los defensores de una dieta completamente cruda no entienden por qué la mayoría de los propietarios de perros los alimentan con croquetas comerciales y carne de lata. Las personas que alimentan a sus perros con pienso no entienden cómo algunas personas cocinan «comida de personas» para sus perros. Para ayudarte a sortear este campo minado, he respondido a algunas preguntas universales que te orientarán mejor a la hora de tomar la decisión correcta para tu cachorro.

No hay una solución universal. Lo que puede ser adecuado para un cachorro no lo será para otro, así que asegúrate e investiga. En última instancia, todo se reduce a qué comida le gusta a tu cachorro, qué le mantiene sano y con qué te sientes cómodo alimentándole. Tu cachorro es básicamente un carnívoro con dientes traseros puntiagudos especialmente diseñados para picar carne. La carne es un alimento rico en proteínas que todos los cachorros necesitan, pero desde el punto de vista dietético, tu cachorro también se beneficiará de los alimentos de origen vegetal, y la mayoría de los alimentos comerciales para perros contienen ingredientes tanto animales como vegetales.

Comida comercial para perros

Los perros llevan más de diez mil años conviviendo con los humanos, pero no fue hasta hace unos 150 años cuando se introdujo la comida para perros. Seguía siendo un alimento húmedo a base de carne hasta la década de 1950, cuando se produjo un cambio drástico en la forma de alimentar a los perros, con la introducción en Estados Unidos de un alimento seco llamado pienso o croquetas. Estados Unidos produce una gran cantidad de maíz, y durante la década de 1950 hubo un excedente de producción de maíz que se destinó a la creación de piensos para animales, incluida la comida para perros. Los perros empezaron a alimentarse de dietas completas en forma de gránulos secados y ahora hay miles de alimentos entre los que elegir, desde pienso procesado hasta alimentos crudos, congelados y liofilizados.

¿En qué consiste una dieta nutritiva y cómo puedes saber si tu cachorro recibe la nutrición que necesita?

La Asociación Americana de Control de Piensos (AAFCO) no «vigila» la industria de los alimentos para animales de compañía, sino que establece normas nutricionales para una alimentación completa y equilibrada. Es responsabilidad de las empresas de alimentos para animales de compañía formular los productos de acuerdo con las normas de la AAFCO, que establece que el alimento debe ser nutricionalmente completo y equilibrado.[17]

¿Qué hace que los alimentos sean sanos?

Tu cachorro en crecimiento necesitará una nutrición diferente en las distintas etapas de su vida. Una nutrición óptima en cualquier etapa exige que las proteínas, las grasas, los carbohidratos y los micronutrientes (como minerales, vitaminas y enzimas) estén equilibrados entre sí. Independientemente de lo que decidas darle a tu perro, el alimento debe ser apetecible y ayudarle a mantener un peso adecuado, unos huesos fuertes, unos ojos claros y una buena visión, un pelo suave y sin caspa y unas heces consistentes.

En general, se recomienda que la proteína de carne entera sea el primer ingrediente que figure en el envase y que el contenido de harinas y subproductos sea limitado. Deben evitarse los colorantes y conservantes artificiales.

Un subproducto es una parte del animal que normalmente no se destina al consumo humano. Incluye los pulmones, el bazo, los riñones, el cerebro, el hígado, la sangre, los huesos, el estómago y los intestinos de los animales de carne, y el cuello, las patas, los huevos no desarrollados y los intestinos de las aves de corral. Los subproductos no deben incluir pelo, cuernos, dientes ni pezuñas.

Comida para perros sin cereales

Los piensos y los alimentos enlatados sin cereales se han hecho muy populares en los últimos años, pero ahora existe la preocupación de que las dietas sin cereales puedan estar causando cardiopatías en algunos perros. Se trata de una miocardiopatía dilatada (MCD), en la que el corazón se debilita y se agranda. Los síntomas son fatiga, dificultad para respirar, tos y desmayos. Algunos perros pueden sufrir una insuficiencia cardiaca repentina.

La MCD suele observarse en perros de razas grandes con predisposición genética a padecerla, como el *doberman pinscher*, el lobero irlandés, el bóxer y el gran danés. Pero hace poco un equipo de diecinueve cardiólogos veterinarios de la zona de Baltimore-Washington D. C., alertó a la FDA de que había observado casos de MCD en otras razas, como *golden retrievers*, mezclas de *doodle*, labradores *retrievers* y *shih tzus*. El factor común era una dieta rica en guisantes, lentejas, garbanzos y patatas, hidratos de carbono que suelen sustituir a los cereales.

Lisa Freeman, nutricionista veterinaria e investigadora de la Facultad de Medicina Veterinaria Cummings de la Universidad de Tufts, se muestra escéptica ante las dietas sin cereales. Afirma que, «contrariamente a la publicidad y a la creencia popular, no hay estudios que demuestren que las dietas sin cereales ofrezcan beneficios para la salud en comparación con las que sí los contienen". Los cereales son una fuente importante de proteínas y otros nutrientes en muchos alimentos cárnicos para animales de compañía y no se han relacionado con ningún problema de salud, salvo en el raro caso de que una mascota sea alérgica a un cereal concreto».[18]

¿Es malo el maíz para tu cachorro?

El maíz se utiliza como relleno en la comida para perros desde los años cincuenta. Se conoce como cereal caliente y puede causar molestias gastrointestinales y alergias. Se dice que otros cereales causan alergias, pero los estudios han descubierto que las alergias más comunes pueden ser el resultado de alimentar al perro con productos lácteos o carne de vacuno. Descubrimos muy pronto que mi Sadie era alérgica al pollo porque comerlo le producía picores y le provocaba piel escamosa y puntos calientes. Sufre una sobreproducción de hongos y alergias que le hacen lamerse las patas hasta dejarlas en carne viva. En cuanto cambiamos su dieta, desaparecieron sus alergias alimentarias y la aparición de hongos.

Decidas lo que decidas dar a tu cachorro, obsérvalo atentamente para asegurarte de que tolera bien la comida que has elegido para él. Presta atención a la lista de ingredientes y al valor nutricional de los mismos. Las cantidades adecuadas de nutrientes formulados con precisión son tan importantes como los ingredientes, y ningún ingrediente por sí solo proporciona el mejor equilibrio proteínico para las mascotas; el mejor equilibrio procede de una combinación de ingredientes.

Si tu cachorro come demasiados carbohidratos y tiene pocas oportunidades de gastar energía extra, puede volverse irritable y destructivo. Los perros de trabajo que gastan mucha energía suelen requerir una dieta más rica en proteínas, pero un exceso de proteínas o una carencia de carbohidratos puede no ser bueno. Un perro que no está saciado puede mostrar comportamientos neuróticos durante el día y entre comidas debido a un nivel inestable de concentración de glucosa e insulina en la sangre.

Somos lo que comemos, y lo mismo ocurre con nuestro cachorro. Alimentarlo con una buena dieta lo mantendrá sano y en forma, pero la comida también tiene un poderoso efecto sobre el comportamiento. Una dieta sana y nutritiva es esencial para un cachorro feliz, pero si observas un cambio físico o emocional, ten en cuenta lo que le estás dando de comer y consulta inmediatamente a tu veterinario.

¿Cómo alimento a mi cachorro?

Cada cachorro tiene unas necesidades nutricionales diferentes en función de su raza, su nivel de actividad o el entorno en el que vive. Como los cachorros crecen deprisa, necesitan suficientes calorías para seguir el ritmo de su rápido proceso de crecimiento, por lo que es importante que tengan acceso a abundante comida de calidad.

No recomiendo la alimentación libre, es decir, dejar la comida fuera todo el día para que el cachorro coma a voluntad.

Puede causar problemas de salud, sobre todo si se lo come todo de una vez. También limita la capacidad de adiestramiento, ya que se sacia y no tiene interés en las recompensas de comida, y puede dificultar el adiestramiento para ir al baño, ya que no hay un horario de alimentación/eliminación. Algunos perros son buenos regulando lo que comen, pero otros consumirán todo lo que se les ponga por delante, sobre todo los que viven en hogares con varios perros. Si tu cachorro es muy quisquilloso y deja su comida, lo más probable es que otro perro se la coma y no reciba las calorías que necesita.

Es mejor una alimentación regulada. En general, los cachorros de hasta seis meses necesitan de dos a tres comidas al día. No recomiendo alimentar a un perro adulto una vez al día porque los perros pasan hambre, sobre todo si tienen un metabolismo rápido, y dejar el estómago vacío durante veinticuatro horas puede provocar cambios de energía, cambios de humor y problemas médicos como la hipoglucemia, especialmente en perros pequeños. Alimentar a tu cachorro siguiendo un horario regular te ayudará a saber cuándo es más probable que haga sus necesidades y te ayudará a entrenarlo para ir al baño.

El caos a la hora de comer

Cuando se comparte la vida con un perro, la hora de comer puede ser un poco caótica. Tanto si vives en un hogar con varios perros y la comida es un punto de desencadenamiento de desacuerdos como si tienes un perro glotón que se traga todo el cuenco de una sentada, hay algunas cosas que puedes hacer para que la hora de comer sea un poco más tranquila.

La hora de comer en un hogar con varios perros puede descontrolarse, sobre todo cuando hay perros a los que les encanta comer y un cachorro al que le encanta investigar. No deje que tu cachorro aprenda por las malas. La clave para reducir el caos es establecer una rutina constante que permita a tu cachorro y a cada perro comer por separado y en paz. Descubrirás que tus perros comen más despacio y con más confianza si no tienen la sensación de que les van a robar la comida.

Teniendo esto en cuenta, prueba a dar de comer a cada perro en una habitación separada (con las puertas cerradas para que nadie pueda colarse en la habitación del otro). Es una solución fácil y sin complicaciones para mantener a los perros alejados mientras comen. También puedes dar de comer a tus perros por turnos, de modo que uno coma mientras los otros se apartan. Las puertas para bebés pueden ser la mejor forma de mantener la calma a la hora de comer.

Despacio

No dejes que tu cachorro aspire la comida, porque los perros que tienen el hábito de comer demasiado deprisa son susceptibles de contraer enfermedades potencialmente mortales, como la hinchazón. Si tu cachorro come demasiado deprisa, existen muchos productos en el mercado diseñados para ayudarle a comer más despacio. Desde cuencos especialmente diseñados para una alimentación lenta hasta dispensadores temporizados de comida y golosinas, estos dispositivos ayudan a tu cachorro a comer a un ritmo más lento y saludable, lo que le mantendrá a salvo a medida que crezca.

El cuenco para perros es un gran instrumento de alimentación, pero no hace que la hora de comer sea divertida ni interesante. Si siempre le das a tu cachorro la comida en un cuenco, está perdiendo algunas oportunidades de aprendizaje. Tanto si estás criando a un perro de trabajo como a un simple compañero de la familia, puedes enviarle a una búsqueda del tesoro poniendo su comida en uno o varios juguetes interactivos y escondiéndolos por toda la casa. Dile que vaya a buscarlo y deja que utilice sus habilidades naturales de caza para rastrear la comida. No solo enriquecerá la vida de tu cachorro fomentando su comportamiento de búsqueda, sino que también le proporcionará una valiosa estimulación mental y física con un esfuerzo mínimo por tu parte.

Control de los impulsos a la hora de comer

Si tienes un cachorro que salta sobre ti o se lanza a por el cuenco a la hora de comer, enseñarle a esperar puede suponer una gran diferencia. Esta señal enseña a tu cachorro a ejercer un valioso control de sus impulsos en torno a una fuente de alimento y es relativamente fácil de enseñar. Recuerda, sin embargo, que aunque estés enseñando a tu cachorro a controlar sus impulsos en torno a su cuenco de comida, no se trata de un verdadero autocontrol hasta que el cachorro pueda regular su propio comportamiento cuando la comida está presente sin tus instrucciones o intervención. A menudo decimos que nuestros perros tienen un buen «autocontrol» cuando, en realidad, el cachorro solo ejerce este «control» cuando estamos presentes.

Así es como se enseña la señal de «espera»:

- Sujeta el cuenco de comida vacío de tu cachorro y pídele que espere.
- Mueve el cuenco de comida hacia el suelo unos centímetros. Si tu cachorro permanece en su sitio, sigue bajando el cuenco hasta que puedas colocarlo en el suelo. Si intenta saltar, agarrar el cuenco o cualquier otro comportamiento indeseable, simplemente dile «¡ups!» y vuelve a subir el cuenco.
- Practica bajando el cuenco unos centímetros cada vez y sigue recompensando a tu cachorro con elogios mientras espera pacientemente. Muévete poco a poco para prepararle para el éxito.
- Con el tiempo, deberías poder colocar el cuenco en el suelo mientras tu cachorro espera a que le digas que puede comer.

Masticables y golosinas

Hay cientos de marcas diferentes de chucherías y golosinas para cachorros y perros, pero ¿cómo saber cuáles son seguras?

El tamaño de la boca de tu cachorro determinará el tamaño del mordisco que le des, pero para estar lo más seguro posible, solo debes dárselo cuando estés allí para supervisarlo activamente. Aunque el mordisco sea grande, tu cachorro podría masticarlo hasta el punto de atragantarse con trozos pequeños. Los huesos son una golosina bienvenida, pero hay que tener cuidado. Los huesos de vacuno crudos, por ejemplo, son más seguros que los cocidos, pero los veterinarios advierten contra algunos huesos, ya que pueden fracturar dientes delicados y causar lesiones en la boca o la mandíbula. Otros huesos pueden provocar estreñimiento u obstrucciones en el esófago, la tráquea, el estómago, el intestino delgado, el colon o el recto y, en casos muy raros, pueden causar sepsis o peritonitis por complicaciones de las obstrucciones.

No le des a tu cachorro pieles crudas, huesos ni juguetes masticables para adultos, ya que pueden causarle trastornos estomacales y heridas en la boca. Limítate a los juguetes apropiados para cachorros que son suaves con los cuerpos en crecimiento y los dientes en desarrollo.

ENSEÑAR HABILIDADES PARA LA VIDA

¿Qué es una habilidad vital? Al igual que un niño, tu cachorro necesitará desarrollar muchas habilidades físicas y mentales para desenvolverse con éxito en la vida. La enseñanza de una habilidad vital puede lograrse mediante una técnica de adiestramiento o un juego específicos, o puede aprenderse mediante una experiencia que tú le proporciones. A lo largo de este capítulo, hablaré de distintas habilidades vitales y de los pasos que puedes dar para enseñarlas.

Una parte importante del proceso de aprendizaje consiste en preparar a tu cachorro para el éxito gestionando su entorno y facilitándole las cosas. Esto empieza por comprender cómo se desenvuelve tu cachorro en determinadas situaciones. Por ejemplo, si tu cachorro es muy sociable y le encanta que entre gente nueva en casa, enséñale a saludar sin saltar sobre tu invitado cuando entre. Esto ayuda a inhibir el comportamiento excitable al tiempo que le permite disfrutar de la llegada de la nueva persona. Sin embargo, si tu cachorro se muestra receloso o temeroso ante la llegada de nuevas personas, quítale presión colocándolo detrás de una puerta para bebés o en su propia habitación cuando entren. El espacio es de vital importancia para los cachorros y los perros que no tienen experiencia social o son temerosos, y la gestión del entorno para reducir la presión mantiene a todos contentos y seguros.

No olvides que tu cachorro aprende continuamente de su entorno y que adquirirá habilidades de forma natural a partir de su experiencia. A menudo pasamos tanto tiempo emparejando experiencias vitales con algo bueno, como un trozo de comida o una golosina, en un esfuerzo por crear asociaciones positivas, que a menudo interrumpimos lo que puede ser una experiencia de aprendizaje fácil y natural.

Cuando era actriz, me enseñaron a «hacer menos» y a «sencillamente existir». Los actores aficionados tienden a esforzarse demasiado, lo que hace que su actuación resulte poco creíble. Pero cuando dejas de esforzarte tanto y haces menos, tu entrega se vuelve más genuina y tu interpretación mejora. Me pasa lo mismo con la cría de cachorros y el adiestramiento de perros. El cachorro aprende tantas cosas simplemente viviendo contigo que el aprendizaje nunca se detiene. Se pueden hacer muchas cosas poniendo al cachorro en situaciones en las que le asegures el éxito y, aunque a veces tengas que intervenir, se aprende mucho estando presente y dejando que el cachorro descubra y experimente el entorno o la situación a su tiempo y a su manera.

Criar a un cachorro resistente

¿Qué es lo primero que quieres hacer cuando ves un cachorro? ¿Quieres cogerlo en brazos y abrazar ese cuerpo cálido y besar esa carita blandita? No se me ocurre nadie que no quiera interactuar con una preciosa bola de pelo, pero desde el punto de vista del cachorro, demasiada manipulación puede resultar incómoda.

No deja de fascinarme lo adaptables que son los cachorros. Como ya he dicho, es el resultado de miles de años de evolución. Los perros que se adaptan bien a la novedad viven mejor con los humanos, y los que funcionan mejor en la sociedad humana son los que triunfan en el hogar.

Todos los animales necesitan sentirse seguros y protegidos, pero también necesitan cierto grado de autonomía y previsibilidad. Es muy difícil desenvolverse en un mundo en constante cambio cuando no entiendes lo que está pasando o cuando no tienes poder para cambiarlo. Cuando eras niño, tus padres tenían que ayudarte a ser lo bastante resiliente no solo para entender el mundo que te rodea, sino para vivir con éxito en él incluso cuando experimentas situaciones estresantes. La forma de ayudar a desarrollar la resiliencia en un niño es muy parecida a la forma de desarrollar la resiliencia en un cachorro.

Cuando un cachorro tiene una experiencia que le provoca una reacción temporal de miedo, el tiempo que tarda en recuperarse de esa experiencia se denomina tasa de recuperación. El tiempo de recuperación es una forma importante de medir la capacidad de recuperación. ¿Cuánto tarda tu cachorro en recuperarse de una experiencia aterradora? ¿Se refugia en su caparazón o sigue investigando la causa de la experiencia? El tiempo de recuperación es biológico y depende de la velocidad de recuperación de las neuronas del cerebro, especialmente de la amígdala (el centro emocional del cerebro). Esto depende de la genética, del desarrollo temprano y de la situación y el entorno a los que esté expuesto el cachorro.

Si tu cachorro oye un ruido fuerte que le asusta, es posible que sea incapaz de enfrentarse a volver a oírlo y su capacidad de reacción será baja. Aunque puede ser difícil cambiar la respuesta de tu cachorro a ese ruido y a otros similares, no es imposible. Los adiestradores y conductistas llaman a este proceso modificación del comportamiento. Ayudamos a los cachorros y a los perros mayores a ver las cosas de otra manera manejando el entorno que les rodea y utilizando métodos y técnicas de adiestramiento diseñados para ayudar a los cachorros a sentirse más seguros y cómodos en el mundo doméstico humano.

Gestión

Puede crear un entorno predecible controlando la vida cotidiana de tu cachorro. Si tu cachorro tiene miedo a los truenos, por ejemplo, puedes cerrar las cortinas, poner música tranquilizadora y crear un escondite al que pueda ir y que le haga sentirse seguro. A veces, tu cachorro creará su propio escondite metiéndose en el armario o debajo de la cama, y si es ahí donde se siente protegido, lo mejor es crearle una guarida allí y dejarle estar hasta que pase la tormenta.

Si tu cachorro se estresa en el coche, es posible que esté sobreestimulado por lo que pasa volando por la ventanilla. En este caso, puedes meterlo en una jaula, taparle la visión con una manta y dejar que se relaje hasta que lleguéis a vuestro destino.

Si tu cachorro se estresa en la jaula, colócala en una zona de tu casa a prueba de cachorros o deja que la jaula permanezca siempre abierta, lo que le dará libertad para tomar decisiones sobre si quiere entrar o no. No todos los cachorros toleran el confinamiento.

Previsibilidad

Los cachorros y los perros adultos no tienen muchas opciones en tu vida diaria, y esto puede generar inseguridad. Más adelante en este libro me centraré más en cómo dar opciones a tu cachorro, pero sepa que la elección y la previsibilidad van de la mano. Nuestros perros se pasan la mayor parte del día sin saber cuándo va a ocurrir nada porque no tienen la capacidad de tomar decisiones ni entienden del todo las decisiones que tomamos por ellos.

Si tienes un cachorro poco seguro de sí mismo, puede crear un entorno y una situación más predecibles. Una rutina predecible gestiona las expectativas y proporciona coherencia a los cachorros. Crear un horario de comidas, paseos y juegos puede hacer que un cachorro se sienta más seguro porque sabe qué esperar.

Una comunicación clara genera confianza. Sé coherente con tus respuestas y señales y anima a tu familia a hacer lo mismo. Cuando adoptamos a Jasmine, nos dimos cuenta de que se acobardaba cuando íbamos a recogerla. No tuvo el mejor comienzo en la vida y tuvimos que enseñáselo todo por primera vez: conocer gente, ver un coche o caminar sobre la hierba. Odiaba verla acobardarse cuando lo único que queríamos era darle cariño, pero dejé de acercarme a ella y conseguí que se sintiera cómoda con mis caricias antes de agacharme y cogerla. Una vez que estuvo un poco más relajada, le enseñé lo que yo llamo la señal de «recoger», que es una señal que utilizo para decirle que estoy a punto de agacharme hacia ella, cogerla en brazos y levantarla del suelo. Le encanta que la cojan en brazos, así que sabía que esta recompensa era el refuerzo que necesitaba. Después de practicar suavemente esta señal, Jasmine empezó a asociar las palabras «coger» con ser cogida en brazos, y muy pronto me ofrecía su cuerpo de lado e incluso me ayudaba a cogerla dando un pequeño salto mientras mis manos se extendían hacia ella. La señal de «coger» se convirtió en una frase fiable y coherente, y la previsibilidad de esta señal hizo que se sintiera más confiada y segura.

Un cachorro no puede desarrollar resiliencia si no es emocionalmente estable. Es muy importante satisfacer sus necesidades y ofrecerle muchas oportunidades de ejercicio físico y enriquecimiento mental para que desarrolle un cuerpo y una mente sanos.

El cachorro adaptable

En muchos casos, un cachorro no se sensibiliza a algo ni se vuelve temeroso cuando se repite un estímulo. De hecho, en lugar de volverse más temeroso a medida que el estímulo se repite, el cachorro puede empezar a comportarse de forma más tranquila y, con el tiempo, incluso puede parecer que ignora el estímulo. Este fenómeno se denomina habituación.

La habituación es un proceso que se produce cuando un estímulo no conlleva ninguna consecuencia predecible, de modo que el cachorro aprende que el estímulo es esencialmente irrelevante. Suele ser un proceso natural que no requiere interferencia humana. Imagina que te mudas a una casa nueva y tu jardín da a una vía de tren. Durante la primera semana, notas cada tren que pasa, pero con el paso de los días, los sonidos del tren te interrumpen menos hasta que, finalmente, ya ni siquiera los oyes. Te has habituado de forma natural al ruido de los trenes.

Así pues, la habituación funciona más rápidamente cuando un estímulo se repite varias veces en un breve periodo de tiempo. Por ejemplo, si hay obras cerca, un perro puede sobresaltarse al principio con el ruido de un martillo neumático y luego tranquilizarse cada vez más a medida que el ruido continúa, aunque el martillo arranque y se detenga varias veces. Es posible que el perro vuelva a sobresaltarse al día siguiente, ya que lo que ha ocurrido hasta ahora es probablemente una habituación a corto plazo.

La habituación a largo plazo es el proceso por el que un animal aprende a ignorar un estímulo aunque no se haya producido recientemente (por ejemplo, cuando se pone en marcha inesperadamente un martillo neumático). Suelen ser necesarias muchas repeticiones de la situación antes de que el perro deje de responder al estímulo.

Cómo tratar a tu cachorro

Para evitar problemas de manejo en los cachorros, presta atención a cómo lo coges, con qué fuerza lo sujeta y con qué firmeza lo acaricias. A veces, una caricia demasiado suave puede hacerle cosquillas, mientras que una demasiado fuerte puede causarle daño. ¿Se queda y pide más si dejas de acariciarle o se aleja? ¿Te gruñe cuando le tocas o te lame la mano? La forma en que responda a tus caricias indicará cómo se siente. Lo mismo ocurre con los perros adultos.

Acostumbrar a tu cachorro a que le toques tú y otras personas también es muy importante para cuando vaya al veterinario. Si está acostumbrado a que tú y unos pocos en tu entorno familiar le miréis las orejas y le abráis la boca, le resultará más fácil aceptar que le toque otra persona en la consulta del veterinario o en la peluquería. Puedes acompañar cada caricia con algo positivo, como un elogio o una golosina, y no someter a tu cachorro a demasiada manipulación al principio. También es importante que otras personas le toquen para que se acostumbre a que le toquen extraños. Esto evitará que sienta aversión al contacto con otras personas cuando crezca.

Si tu cachorro gruñe, chasquea o muerde cuando se le manipula, es posible que tenga un problema de sensibilidad al tacto, que sienta dolor o que se sienta frustrado porque se le impide hacer algo que desea. Lleva a tu cachorro al veterinario para descartar cualquier problema médico que pueda tener y, si su estado de salud es bueno, es posible que haya que abordar un problema de comportamiento más importante. Limita el número de veces que lo tocas y combina las caricias con algo que le guste, como un juego, un juguete o algo de comida. Háblale y elógiale mucho hasta que gradualmente llegue a un punto en el que sea más tolerante, pero no vayas demasiado rápido, ya que esto podría impedir el éxito.

El secreto para facilitar el aseo o el corte de las uñas de los pies de tu cachorro es practicar el aseo o el corte antes de tener que hacerlo de verdad. Inicia paulatina a tu cachorro en la práctica del corte de las uñas de los pies tocándole la pata con la mano, seguido de una golosina y/o un elogio. Cuando te sientas cómodo manipulando sus patas, deja que investigue el cortaúñas que vas a utilizar, permitiéndole que lo huela mientras lo sostienes en la mano. En cuanto mueva la nariz para tocar la maquinilla (la mayoría de los perros sienten curiosidad natural por cualquier cosa que se les presente), señale esa acción con un «sí» o una palabra similar y dele un premio o elogio. Las patas de un cachorro pueden ser sensibles y su manipulación puede resultar incómoda, o hacerle cosquillas, así que tenlo en cuenta cuando lo manipules. Puedes pasar a tocar la pata del cachorro con el cortaúñas y, si acepta el contacto, cortarle una uña, seguido de muchos elogios. Cuanto más paciente seas con este proceso, más probable será que tu cachorro se acostumbre a que le corten las uñas.

La mayoría de los problemas de manipulación pueden evitarse si se enseña a los cachorros a aceptar y disfrutar las caricias desde una edad temprana, pero estos procesos de habituación también pueden utilizarse con perros adultos en muchas situaciones diferentes y con perros que se han sensibilizado a la manipulación y necesitan un proceso de desensibilización suave. La regla general para el éxito es ir al ritmo de cada cachorro, observar el lenguaje corporal y ser sensible a sus diferentes estilos y necesidades de aprendizaje.

Cómo afrontar el saludo a otras personas

¿Cómo reaccionarías si una persona desconocida se te acercara de repente y te tocara la parte superior de la cabeza? Puede que al principio te escandalizara y tal vez le dijeras un par de cosas, empujaras a la persona o te alejaras de ella rápidamente; pero nuestros perros casi nunca pueden permitirse ese lujo y, cuando comunican lo asustados que están, a menudo se les castiga gruñendo, chasqueando los dientes o mordiendo. Esto es lo que nuestros cachorros y perros adultos experimentan a diario por parte de personas bienintencionadas que no pueden resistirse a tocar al perro que pasa a su lado. La gente quiere tocar, coger y abrazar a los perros, y esto puede asustarles mucho, sobre todo cuando los toca una persona que no conocen.

Algunos cachorros tienen un reflejo automático de defensa cuando una mano se acerca a ellos o se extiende sobre la cabeza. Cuando un cachorro es muy joven, este reflejo no está bajo control consciente, por lo que es vital enseñarle a aceptar que le toquen con una mano que se acerca.

Me gusta preparar a mis cachorros para el comportamiento humano «grosero», incluidos los saludos y los abrazos. Por supuesto, es importante que los padres del cachorro se aseguren de que esto no ocurra con frecuencia, pero el cachorro estará preparado si ocurre. Esta es una de las lecciones sociales más importantes que puede aprender un cachorro, porque la invasión del espacio por parte de los humanos, así como que le toquen la cabeza, ocurrirán muchas veces a lo largo de su vida.

He aquí algunos consejos didácticos para acostumbrar a tu cachorro al saludo humano:

- Ponte delante de tu cachorro.
- Inclínate sobre él y, mientras lo haces, elógiale y dale un trozo de comida.
- Sigue repitiendo esta acción hasta que tu cachorro esté relajado contigo inclinado sobre él.
- Mientras te inclinas hacia delante para darle la comida, coge la otra mano y acaríciale la parte superior de la cabeza. Sigue elogiándole y diciéndole lo bueno que es.
- Repite este ejercicio varias veces mientras tu cachorro se sienta cómodo.
- Si en algún momento tu cachorro se siente incómodo, detente y vuelve al nivel con el que se sentía cómodo y auméntalo poco a poco.
- Si tu cachorro acepta este movimiento, puedes aumentar gradualmente la distancia alejándote, dándote la vuelta, caminando hacia él, agachándote y tocándole la cabeza.
- Una vez que acepte este enfoque, repite el ejercicio mientras hablas y sonríes a tu cachorro.
- Aporta un poco más de energía y entusiasmo a tu saludo, exactamente igual que hace una persona bienintencionada cuando saluda a tu cachorro por primera vez.
- Una vez que tu cachorro acepte tu acercamiento, practica con otras personas que conozca antes de pedir a amigos que no conozca que vengan a saludarle.

Adiestrar a tu cachorro

Puedes prevenir comportamientos no deseados enseñando a tu cachorro habilidades para la vida. Todos los perros necesitan aprender a vivir con éxito en un entorno doméstico. Puede parecer que los perros domésticos tienen una vida fácil en comparación con sus congéneres salvajes, pero vivir en un mundo humano conlleva ciertas presiones. Enseñar a tu perro las habilidades básicas y proporcionarle suficiente estimulación mental y ejercicio físico evitará que desarrolle ansiedad y otros comportamientos relacionados con el estrés, como la mordedura destructiva, los ladridos inapropiados y la agresividad. Pero ¿por dónde empezar cuando se trata de enseñar y cómo elegir qué técnicas utilizar cuando hay tantos estilos diferentes? La decisión que tomes ahora influirá en tu cachorro el resto de su vida.

Hay tres bandos en el mundo del adiestramiento canino:

1. Los adiestradores de los campos de adiestramiento tradicionales suelen utilizar equipos como collares de choque, de estrangulamiento y de púas para detener comportamientos no deseados y enseñar otros nuevos, así como métodos de adiestramiento centrados en intimidar a los perros para que obedezcan. Creen que la dominancia en los perros es un rasgo de su carácter y que comportamientos como tirar de la correa, atravesar primero una puerta abierta, vigilar los recursos, etc., son un intento del perro de dominar a la familia y alcanzar el estatus de «perro superior» en el hogar. A menudo se autodenominan líderes de la manada y animan a sus clientes a mantener a sus perros sumisos ante ellos para que no intenten asumir el liderazgo de la manada. Los adiestradores tradicionales se centran más en castigar el comportamiento que no desean mediante técnicas de supresión, como empujones, patadas, golpes, gritos, tirones y ataduras, en lugar de averiguar por qué el perro se ha comportado de determinada manera y trabajar con él para cambiar esa respuesta.

2. Los adiestradores de campamentos de adiestramiento equilibrado utilizan el refuerzo positivo en forma de comida, elogios, juegos, juguetes, etc. para recompensar y reforzar los comportamientos que les gustan, pero también emplean técnicas punitivas duras para detener lo que perciben como un comportamiento negativo.

3. Mi técnica está en el campo del adiestramiento en positivo. El principio fundamental del adiestramiento en positivo es enseñar a nuestros perros lo que queremos, recompensar lo que nos gusta y redirigir lo que no nos

gusta sin utilizar técnicas punitivas ni equipos que intimiden a los perros o les causen dolor. Controlamos los comportamientos con antelación y evaluamos los planes de enseñanza para poder salvar la distancia entre los comportamientos que los perros quieren hacer y los comportamientos que nosotros queremos ver más.

El adiestramiento o enseñanza en positivo se centra en construir un lenguaje común y enseñar a tu cachorro las habilidades vitales que necesita para tener éxito en su entorno. Los cachorros que han sido dominados con métodos de adiestramiento forzados tienden a ser más inseguros y a estar más desconectados emocionalmente. La confianza es una parte importante del éxito de cualquier relación, pero los adiestradores tradicionales y equilibrados suelen aconsejar mal a la gente y no comprenden el daño que se hace utilizando métodos de adiestramiento punitivos.

El adiestramiento en positivo no significa que ignores los malos comportamientos de tu cachorro, sino que la disciplina debe venir en forma de orientación constructiva y no de intimidación. Guiar a tu cachorro para que tome las decisiones correctas y comprenda lo que necesita para ser feliz ayudará a aumentar el vínculo entre vosotros.

Parece haber una gran idea errónea de que a los adiestradores en positivo nunca les gusta decir que no a sus perros y les permiten salirse con la suya con comportamientos negativos. También existe la creencia errónea de que los adiestradores en positivo solo utilizan la comida en el adiestramiento, lo cual funciona con los perros fáciles pero es ineficaz cuando se trata de rehabilitar perros con graves problemas de comportamiento, como la agresividad. Si ha visto alguno de mis programas o ha leído otros libros que he escrito, sabrá que esto no es así. La enseñanza positiva ayuda a las personas a fomentar las relaciones, incluso con perros problemáticos, comprendiendo por qué sus perros se portan mal y utilizando técnicas que fomentan la confianza al dar a sus perros más oportunidades. Esto cambia el comportamiento sin dañar la confianza entre el perro y el dueño. Cualquiera puede utilizar recompensas para enseñar a los perros a aprender, pero se necesitan conocimientos avanzados y habilidad para cambiar los comportamientos negativos sin recurrir a la fuerza.

Las personas que dedican tiempo a enseñar a sus cachorros habilidades para la vida llevan una vida más satisfactoria con sus compañeros caninos. Un equilibrio saludable entre el aprendizaje de modales, el fomento de la sociabilidad y la provisión a tu cachorro del tipo adecuado de salidas garantizará su éxito. Las personas que no dan a sus cachorros la educación que necesitan les están haciendo un flaco favor y tendrán problemas en el futuro. El proceso de aprendizaje no tiene por qué ser costoso ni intenso, y cuanto más agradable sea para ambos, mejores serán los resultados.

Comprender el comportamiento de tu cachorro

Comportamiento es «cualquier cosa que hace un organismo en respuesta a un estímulo».[1] Todos los organismos del planeta —desde los humanos hasta los lobos, desde los perros hasta los insectos y desde las plantas hasta los organismos unicelulares— muestran un comportamiento. Tanto si tu perro salta, ladra, duerme, come, tose o hace trucos, todo es comportamiento. Tu trabajo consiste en ayudar a tu cachorro a encontrar comportamientos que le gusten, tanto si los controla conscientemente como si no.

Dedica tiempo a observar el comportamiento de tu cachorro. ¿Qué está haciendo ahora? ¿Te mira, duerme en su cama o juega con un juguete en el suelo? ¿Está en casa o en el jardín? ¿Cómo responde a los ruidos de su entorno? ¿Se fija en ellos o está demasiado ocupado investigando? ¿Utiliza el olfato? ¿Su cuerpo está tenso o relajado? ¿Se puede saber si está contento o triste?

Aunque la gente suele asociar el adiestramiento canino con acciones como sentarse, agacharse y venir, en realidad se trata de comportamientos específicos que se pueden enseñar. Si asistes a una clase en grupo, es posible que oigas al instructor mencionar que va a «enseñar varios comportamientos» a lo largo de la clase. Lo que esto realmente significa es que va a ayudarte a enseñar a tu perro un comportamiento específico que podrás pedirle, reforzarlo y aumentar la probabilidad de que este comportamiento se produzca de nuevo. Esto a veces se denomina adiestramiento de obediencia, pero no me gusta utilizar el término porque «obediencia» implica una mano más dura, y este no es el tipo de metodología que utilizo cuando adiestro a cachorros y perros adultos. Enseño a cachorros y perros comportamientos básicos para construir un lenguaje de comunicación, reforzar el vínculo entre los cachorros y su gente y dotar al cachorro de habilidades para desenvolverse con éxito en un mundo humano. No quiero que mis perros se limiten a obedecer; quiero que cooperen conmigo.

La palabra con D

Hay una palabra que ha causado muchas discusiones y desacuerdos en el mundo del adiestramiento canino. La palabra es «dominancia», y los mitos y malentendidos sobre qué es exactamente la dominancia en los perros han provocado muchos quebraderos de cabeza a adiestradores como yo y han tenido consecuencias terribles para los perros que han sido víctimas de estos malentendidos.

¿Qué es exactamente la dominación? ¿Realmente quieren los perros apoderarse de nuestros hogares y situarse por encima de nosotros en el orden jerárquico? ¿Es por eso que los perros vigilan los recursos, controlan el acceso al espacio y muerden a la gente cuando se les desafía? La respuesta está en el hecho de que hay un fallo fundamental en el uso del término, porque «dominancia» se utiliza a menudo para describir la personalidad de un perro: «Rex es un perro dominante» o «Stella es una hembra muy dominante», a pesar de que la dominancia es un acto social y no un rasgo del carácter.

En realidad, la dominancia se refiere a una relación social entre animales de la misma especie y a cómo se asigna un recurso específico entre estos animales. Solo es relevante cuando se utiliza en relación con otra cosa: «Este animal es dominante sobre ese animal en esta situación».

La dominancia relativa en un grupo de animales puede ser extremadamente compleja y fluida. Tomemos dos perros en la misma casa, por ejemplo, y determinemos la dominancia en función de qué perro come primero y cuál tiene una zona favorita para dormir, como el sofá. A menudo, lo que es muy importante para un perro, la comida, por ejemplo no es tan importante para otro, al que le gusta más dormir en el sofá. El dominio consiste en saber quién tiene acceso prioritario a qué. Eso puede significar acceso prioritario a la comida, a un juguete, a la cama, a una persona o a otro perro. Así, el perro que valore más la comida querrá tener acceso prioritario y será el perro dominante cuando haya comida. El otro perro no necesita un acceso prioritario a la comida y estará encantado de consentir en esa situación. Pero en el sofá, el segundo perro es más dominante porque le importa dónde duerme y necesita acceso prioritario al sofá.

Así es como funcionan las relaciones en los hogares con varios perros. La dominancia y el rango dependen de quién desea el acceso principal a un recurso valioso, y la dominancia funciona para mantener la paz porque un perro cede naturalmente ante el otro en diferentes situaciones, lo que evita la violencia. Desde el punto de vista de la evolución, la violencia en los perros asilvestrados o en los hogares con varios perros sanos compromete la supervivencia. Si un miembro de la manada resulta herido a causa de una pelea, esto podría afectar a la capacidad de la manada o del grupo para cazar y encontrar comida.

Los problemas surgen entre perros domésticos y asilvestrados cuando ambos dan un valor similar a un determinado recurso, como una posible pareja o un hueso. El perro doméstico puede aceptar que le den de comer y dormir, pero un hueso tiene tanto valor que ambos quieren tener acceso a él. Ahora tenemos un problema. Por eso los perros de los hogares con varios miembros pueden ser los mejores amigos la mayor parte del tiempo, pero de vez en cuando surgen peleas por los recursos. En este caso, el objeto o la zona en disputa debe retirarse y gestionarse para que el desacuerdo no vuelva a producirse.

Utilicemos una analogía humana para ilustrar lo que quiero decir. Tenemos a un director que dirige una gran empresa de gran éxito en la que sus empleados le rinden pleitesía de forma natural debido a su posición. Sin embargo, cuando se va a casa, su mujer manda y sus hijos se burlan de él. Su estatus cambia según la situación. Es el dominante en el trabajo, pero su rango cambia cuando está en casa. La dominación y el rango son fluidos y dependen de la situación.

Pero ¿cómo funciona la dominación entre perros y personas? ¿Realmente intentan los perros dominarnos y alcanzar un mayor rango sobre nosotros? Las respuestas a estas preguntas son sencillas. Los perros no nos ven como congéneres (de la misma especie). Lo saben porque nuestro aspecto, comportamiento y olor son muy diferentes a los suyos. No nos engañan haciéndonos creer que somos perros cuando hacemos cosas de perros, como tampoco nos engañan haciéndonos creer que somos humanos cuando se sientan en el sofá o duermen en nuestra cama. Entonces, ¿por qué atribuimos tantas cualidades humanas a los perros, sobre todo en términos de dominación?

A los humanos nos cuesta pensar desde el punto de vista del perro y no imponer nuestros propios sentimientos o ideas sobre por qué nuestros perros se comportan de determinada manera. Podríamos decir que los perros que gruñen, chasquean o muerden intentan «superarnos» o ser el líder de la manada, por ejemplo, y de hecho algunos comportamientos agresivos se derivan de la necesidad de control, pero si te pones en el lugar de tu perro, comprenderás mejor por qué.

Los perros muestran este tipo de comportamientos no porque quieran «superarte», sino porque o bien están protegiendo algo que es valioso para ellos y temen que se lo quitemos, o bien quieren tener acceso prioritario a algo que es importante para su comodidad, seguridad y supervivencia. Los perros muerden por muchas razones diferentes, incluido el miedo, y lo más perjudicial que puede hacer una persona es castigar a un perro que ha mordido, o utilizar el dolor y la intimidación para demostrarle al perro quién manda y detener su percibido «ascenso» a la cima del escalafón. El castigo genera inseguridad. Los perros inseguros suelen ser bastante ansiosos, y la ansiedad exacerba el comportamiento agresivo.

Independientemente de lo que digan los adiestradores tradicionales o equilibrados, se puede enseñar a todos los perros con la misma filosofía humanitaria. Lo bueno del adiestramiento en positivo es que funciona con todo tipo de perros, desde pomeranias hasta pit bulls, y es especialmente eficaz para perros ansiosos, inseguros y que muestran un comportamiento agresivo ante lo que perciben como una amenaza.

Ahora que sabes lo que es la dominación, ¿por qué debería importarnos el uso correcto del término? Usar mal el término no debería ser tan problemático. Desafortunadamente, hay tantos mitos y conceptos erróneos que han surgido del uso incorrecto de la palabra, así como de la aceptación de la teoría de la dominancia, que las relaciones entre perros y personas se han visto dañadas cuando la gente asume incorrectamente que su perro está tratando de dominarlos. Esta suposición conduce a técnicas de castigo que se dice a la gente que serán eficaces para rebajar el estatus de su perro en la manada.

La gente cree que está imitando el lenguaje canino, pero en situaciones en las que un animal es dominante sobre otro, el animal sumiso cede voluntariamente; es muy raro que haya algún tipo de violencia entre animales de la misma especie que tienen una jerarquía social. La violencia se da en las relaciones insanas, y el comportamiento violento rompe la confianza y daña el vínculo.

El cachorro emocional

Las emociones impulsan el comportamiento, y el comportamiento es nuestra respuesta biológica al entorno y la situación en que vivimos. Años de investigación científica han demostrado que los perros y los humanos tienen respuestas biológicas similares a los estados emocionales, como la alegría, el miedo, la tristeza, la excitación y el dolor.

Los sentimientos son interpretaciones humanas de las emociones, así que aunque sabemos que los perros tienen emociones, no podemos decir exactamente cómo se sienten. Pero como las reacciones fisiológicas a los estados emocionales son las mismas que las nuestras y como la expresión física de esa emoción también es similar, es lógico que los perros también «sientan».

Las emociones surgen de lo que es importante para los perros y es producto de la evolución. ¿Qué recursos desea tu perro y busca lo que quiere o se frustra cuando no puede conseguir lo que quiere? ¿Cómo se relaciona con otros perros y personas y confía en ti como su ancla para mantenerse a salvo y seguro? ¿Evita las cosas que le asustan? ¿Es resistente en situaciones de estrés? ¿Cómo afronta el dolor y es sensible a la manipulación? ¿Salta y ladra cuando está excitado? ¿Prefiere estar solo cuando se siente mal?

La expresión física de las emociones es tan parecida a la forma en que nosotros las expresamos que podemos saber cuándo nuestros perros se sienten alegres y excitados o cuándo algo va mal. El dolor es más difícil de reconocer, ya que los perros saben disimularlo o no tienen forma de decírnoslo a menos que los signos sean evidentes. Cubrir el dolor es un rasgo evolutivo e importante para la supervivencia, ya que los débiles suelen quedarse atrás. Si trabajo con un perro que muestra un comportamiento agresivo, siempre pediré primero un chequeo médico completo, incluyendo un análisis de sangre completo, antes de empezar un plan de modificación. Demasiados perros que muestran rasgos nerviosos o agresivos son etiquetados como malos, dominantes o desobedientes cuando en realidad simplemente están sufriendo.

Las emociones humanas fluyen a través de una corteza cerebral (también conocida como cerebro pensante) que es cinco veces mayor que la de un perro, lo que podría significar que las emociones de un perro son mucho más sencillas que las nuestras, dado que no se complican con pensamientos demasiado complejos. Esto se compara a veces con la forma en que un niño pequeño experimenta las emociones, lo que lleva a los investigadores a afirmar que los perros tienen las capacidades cognitivas y emocionales de niños de dos o tres años.[2]

La resistencia emocional de tu cachorro se refuerza con experiencias positivas. No debes ser sobreprotector pero, al mismo tiempo, debes tener claro que las experiencias negativas a esta temprana edad pueden afectar a tu cachorro el resto de su vida. El cerebro no borra los recuerdos del miedo. Aunque las experiencias negativas sean específicas del entorno, las personas o las situaciones, los perros las generalizarán a otros lugares, personas o situaciones. Por ejemplo, si tu cachorro tuvo una experiencia negativa porque un hombre con barba le pisó accidentalmente la cola, podría volverse receloso y temeroso con cualquier hombre con barba, independientemente de que fuera o no ese hombre en concreto el que le pisó la cola. Del mismo modo, si le pica una abeja cuando está en el jardín, puede tener miedo de estar fuera en cualquier entorno. Las asociaciones negativas afectarán al éxito de la enseñanza.

El miedo es adaptativo y ayuda a mantener a salvo a su cachorro, mientras que las fobias son inadaptativas en el sentido de que no sirven para nada y, de hecho, pueden perjudicar su éxito. El cortisol es una hormona relacionada con el estrés que se libera en momentos de estrés y suele asociarse únicamente con una reacción de estrés negativo, pero el cortisol también puede excretarse en momentos de excitación positiva, como durante el juego. El estrés activa las estructuras neuronales conocidas como sistema nervioso simpático, haciendo que el corazón lata más deprisa y desviando moléculas ricas en energía al cerebro y a los músculos que se utilizan para luchar o huir. Si el cachorro se encuentra en un estado relajado, sus procesos fisiológicos están controlados por el sistema nervioso parasimpático. Este es el estado que debe mantener su cachorro. Los episodios de estrés positivo (eustrés) que liberan cortisol en el organismo no son perjudiciales siempre que el estrés no se convierta en negativo y constante.

Es probable que los cachorros experimenten cambios emocionales a medida que crecen, por lo que proporcionarles una buena base de aprendizaje les facilita enfrentarse a cualquier reto que se les presente. Invertir tiempo al principio de la vida de un cachorro le permite convertirse en un adulto seguro de sí mismo y bien adaptado y, aunque la mayoría de los cachorros se las arreglan bien viviendo en un mundo humano, pocas personas se dan cuenta de lo resistente que tiene que ser su mascota para ajustarse a las normas que le impone la vida doméstica.

Una base de aprendizaje

Proporciona a tu cachorro la mejor base de aprendizaje enseñándole comportamientos útiles en lugar de centrarte en suprimir o castigar comportamientos indeseables. Si tu cachorro corre hacia las visitas y les mordisquea las perneras de los pantalones, dale a las visitas un juguete para que se lo den mientras corre hacia ellas, de modo que su atención se centre en el juguete y no en sus piernas. Si tu cachorro te ladra para que le des de comer, satisface su necesidad buscando formas de darle de comer más a menudo o de forma más enriquecedora para que no sienta la necesidad de ladrarle.

Al mismo tiempo que le enseñas las habilidades básicas de aprendizaje, también puedes utilizar el control para evitar comportamientos no deseados y prepararle para el éxito. Configura su entorno de modo que no pueda practicar un comportamiento no deseado mientras le enseña comportamientos de sustitución, porque lo que se practique se fortalecerá. Por ejemplo, si tu cachorro salta sobre las personas que entran en casa, ponle detrás de una puerta para bebés o enciérrale en un habitación cuando lleguen invitados para que puedan entrar en casa sin que él salte sobre ellos. Céntrate en los puntos fuertes de tu cachorro y potencia sus habilidades naturales, a la vez que le animas a aprender comportamientos que necesita en un mundo humano. Enséñale estos comportamientos a su propio ritmo y en diferentes situaciones, entornos y ambientes para que adquiera soltura y confianza dondequiera que esté. Presta atención a su lenguaje corporal y vocal, y mantén un entorno de aprendizaje lo menos estresante posible.

Fomenta la confianza de tu cachorro enseñándole que cuando hace ciertas cosas ocurren cosas buenas, aunque tú no se lo hayas pedido. Esto le dará confianza para comportarse en cualquier entorno y le motivará para aprender cosas nuevas. No te metas en un pozo confiando en el castigo para enseñarle. Esto solo le enseñará a esforzarse todo lo necesario para evitar malas consecuencias. Puede que incluso intente alejarse de ti al asociarte con experiencias desagradables, pero superará tus expectativas si confía en ti.

Un buen adiestramiento empieza por comprender qué motiva a tu cachorro y utilizar lo que le gusta para construir una relación sólida. Al fin y al cabo, el adiestramiento es como un baile. Cuando los dos empezáis a aprender a bailar, puede que os piséis los talones, pero cuando conocéis los pasos, el baile fluye de maravilla. Llegar a ese punto requiere práctica, paciencia, confianza y mucho trabajo por ambas partes, así como entender a tu pareja y establecer objetivos y expectativas realistas desde el principio.

Correcciones

¿Debes corregir el mal comportamiento de tu cachorro? Este es un tema que suscita muchas discusiones entre los adiestradores, pero, en general, es mejor para la salud psicológica general de tu cachorro inculcarle límites sin intimidarle ni provocarle miedo. Recuerda que tú decides si un comportamiento es negativo o no. Tu cachorro se comporta de una forma que tiene mucho sentido para él en ese momento, porque el comportamiento es una respuesta biológica al entorno y a la situación y está impulsado por las emociones. Tu trabajo consiste en ser menos crítico e intentar comprender por qué se produce el comportamiento y qué se puede hacer para cambiarlo si es algo que no quieres que haga tu cachorro.

Cada persona tiene una idea diferente de lo que es un castigo, pero un aversivo es cualquier cosa que tú o su perro encuentren desagradable. Lo que es aversivo para un perro no lo es necesariamente para otro, y lo que a ti no te parece desagradable puede serlo para tu perro. Algunos cachorros son sensibles a una mirada de enfado, mientras que a otros les resulta desagradable que les quiten la comida. Los adiestradores que utilizan collares de descarga para adiestrar a cachorros y perros dirán a sus clientes que los collares de descarga no causan dolor y no son desagradables, mientras que otros adiestradores como yo los desaconsejamos debido al lenguaje corporal que vemos en los perros adiestrados con collares de descarga y a la gran cantidad de investigaciones que tenemos sobre las consecuencias emocionales.

Podemos discutir entre nosotros todo lo que queramos sobre métodos y técnicas de adiestramiento, pero un cachorro no miente y normalmente te dirá si encuentra algo desagradable, incluso si este lenguaje se malinterpreta o se ignora.

¿Cómo detener un comportamiento no deseado? Si lo deseaS, puedeS interrumpirlo con la voz o con la palabra «no». Puedes pedirle a tu cachorro que deje de hacer algo, exactamente igual que harías con un niño. No se trata de las palabras que digas, sino de cómo las digas, y siempre que no seas intimidatorio cuando le digas a tu cachorro que deje de hacer algo, responderá sin tener miedo.

Una de las formas más eficaces de enseñar a los cachorros y a los perros adultos a detener un comportamiento no deseado es enseñarles otro alternativo. Abordaré este tema con más detalle en el capítulo,[5] pero si un cachorro está haciendo algo que no me gusta o en una situación que no es segura, le daré algunas alternativas y le enseñaré qué hacer en esa situación. Es una forma mucho más eficaz de enseñar y fomenta el aprendizaje de nuevas habilidades en lugar de castigar las antiguas.

El poder de las recompensas

Independientemente de lo que motive a tu cachorro o perro, las recompensas son muy poderosas en el proceso de aprendizaje porque forman parte de un patrón motor distinto y predecible. Cuando tu cachorro ve una recompensa, se produce una liberación de sustancias químicas y opiáceos naturales, como el neurotransmisor dopamina, que le hace sentirse muy bien. La anticipación de la recompensa crea un impulso. Cuando tu cachorro recibe la recompensa, se encuentra en su punto óptimo de placer, tanto si está recibiendo una recompensa de comida como si está mordiendo un juguete de tracción. Por eso puede ser difícil para un cachorro soltar un juguete de tracción durante el juego, porque el juego le hace sentir muy bien.

Personalizo las recompensas en función de los perros con los que trabajo. Un reforzador solo se convierte en recompensa si el perro lo encuentra reforzante y aumenta la probabilidad de que se repita un comportamiento. Yo siempre señalo el comportamiento que me gusta, y tú puede hacer lo mismo con su cachorro. Señalo el comportamiento con una señal vocal como «sí» seguida de una golosina, un juguete o un juego, o simplemente le digo al cachorro que ha hecho un buen trabajo. Esto hace que mis cachorros se sientan bien y les motiva a aprender cosas nuevas. Si mis perros hacen algo que no me gusta, interrumpo el comportamiento y los redirijo hacia algo que quiero que hagan en su lugar. Luego les enseño a comportarse de forma más adecuada en una situación similar, dándoles oportunidades de aprender nuevas formas de comportarse. Esto es mucho más eficaz que castigar a los cachorros por hacer las cosas mal. Gastas demasiada energía regañándoles y pierdes la oportunidad de enseñarles lo que quieres que hagan.

Imagina que tu profesor solo te prestara atención cuando cometes un error. Puede que saques sobresalientes la mayoría de las veces, pero un suspenso es la única ocasión en la que llamas la atención de tu profesor. Así es como la gente trata a sus cachorros y perros. Se olvidan de marcar el buen comportamiento y solo prestan atención cuando el cachorro está haciendo algo que perciben como malo.

La mejor forma de eliminar un comportamiento que no te gusta es utilizar el control. Puedes gestionar el entorno de tu cachorro y prepararlo para el éxito, de modo que no realice el comportamiento que no te gusta. Recuerda que los cachorros harán lo que les funcione. El control disuade al cachorro de realizar un comportamiento no deseado mientras tú elaboras un plan de enseñanza y modificación del comportamiento para cambiar su forma de comportarse.

Se puede utilizar comida durante el proceso de aprendizaje, pero con el tiempo pueden utilizarse otros reforzadores en lugar de la comida, incluidas recompensas vitales, como salir a jugar al aire libre, jugar con otro perro o con un humano, o masticar un juguete. Sobre todo, hablo con mis perros. Puede que entiendan lo que significan algunas palabras, pero las palabras que utilizo no importan realmente, porque es la forma en que les hablo lo que les dice todo.

Cómo comunicarte con tu cachorro

Hablar el idioma «cachorro» consiste en facilitar que él te entienda a ti, así como en tomarse el tiempo necesario para entenderlo a él. Empieza creando un vínculo a través del juego, divirtiéndote y asegurándote de que tú y tu cachorro vivís buenas experiencias juntos, mientras que el lenguaje vocal y físico puede utilizarse para salvar la brecha humano-canina.

El mayor error que comete la gente es suponer que sus cachorros les entienden más de lo que realmente lo hacen. A algunos perros les cuesta más entender el lenguaje humano que a otros. Los humanos nos comunicamos principalmente a través del habla: nos entendemos a través de las palabras, lo cual es eficaz si necesitamos comunicarnos con una persona que hable nuestro mismo idioma. Pero puede resultar ruidoso para tu cachorro, a menos que le hayas enseñado específicamente qué significa una palabra o una frase corta, o que entienda lo que quieres solo por la forma en que le hablas.

Imagínate que tu cachorro intentara enseñarte el mundo a través del olfato. Le resultaría prácticamente imposible transmitirte lo que quiere decir solo a través de ese medio, pues nuestras capacidades olfativas no son tan buenas como las suyas y, sencillamente, no lo entenderíamos. La confusión resultante provocaría frustración en ambas partes e inseguridad en la nuestra. Eso no quiere decir que el habla no desempeñe un papel importante en la comunicación con nuestros cachorros, porque como ya he dicho, podemos enseñarles lo que significan ciertas palabras y frases y la forma en que les hablamos puede estar llena de significado.

A menudo hablo a mis perros con mi «voz melosa», sobre todo cuando los saludo después de haber estado fuera durante un tiempo o cuando juego con ellos. Mi tono de voz es ligero, más agudo de lo normal, y mi lenguaje corporal y mis expresiones faciales complementan lo que digo. Mis perros responden moviendo el rabo, agachando la cabeza, contoneando el cuerpo y girando para que les acaricie. Suelen tener la boca abierta en una sonrisa relajada y los ojos brillantes y suaves. Saben que les quiero solo por la forma en que les hablo y también por cómo me muevo, pero el tono de mi discurso marca el significado.

Tu personalidad puede influir mucho en el comportamiento de tu cachorro. Como los perros se han adaptado a leer las señales humanas, son extremadamente sensibles a nuestros estados emocionales y de atención. Cuanto más extrovertido seas, más atento estará tu cachorro, pero si tienes una personalidad más introvertida que inhibe tus habilidades comunicativas, puede que a tu cachorro le cueste entenderte.

Algunos estudios han demostrado que las personas menos seguras de sí mismas y menos independientes tienen perros con más problemas de comportamiento. Las personas tímidas, ansiosas, tensas, neuróticas o agresivas también pueden inducir nerviosismo, ansiedad y agresividad en sus perros. Los dueños neuróticos o perezosos tienden a tener perros menos receptivos, mientras que los adiestradores concienzudos tienen perros a los que es más fácil enseñar. Por supuesto, estos estudios analizan cómo responden a sus perros personas con personalidades diferentes y viceversa, pero el entorno también desempeña un papel importante. Puede que los perros tiendan a reflejar la personalidad de sus dueños o a verse afectados por ella, pero eso depende de lo sensible que sea cada perro a los cambios de estado emocional de su dueño.[3]

Sea cual sea tu personalidad, sé claro con los gestos y las señales vocales que utilices con tu cachorro. Háblale todo lo que quieras cuando estés conversando con él, porque aunque no entienda lo que le dices, seguro que reconoce el tono y el timbre de tu voz. Sin embargo, cuando le pidas que haga algo, utiliza frases sencillas o una palabra de referencia simple, que le facilitarán la comprensión de lo que necesitas que haga.

Uso de claves vocales

«¡Siéntate! ¡Siéntate! ¡Siéntate!». ¿Alguna vez le has pedido a tu cachorro que se siente y, cuando no responde, repites la señal una y otra vez, cada vez más alto? Si crees que no te ha oído o que está siendo testarudo al no responder, no eres el único. Parece que «¡Siéntate! ¡Siéntate! ¡Siéntate!» se ha convertido en una señal muy popular, pero al repetir la palabra en realidad le estás enseñando a tu cachorro a sentarse con retraso. En lugar de que su cachorro se siente la primera vez que se lo pide, la señal vocal se ha convertido ahora en un «siéntate» por tres. Esto no suele ser un problema hasta que te encuentras en una situación que requiere que tu cachorro responda inmediatamente.

Las señales vocales y físicas son la forma perfecta de construir un lenguaje de comunicación con tu cachorro, pero hay muchas cosas que pueden perderse en la traducción e incluso las señales más sencillas pueden malinterpretarse. Los cachorros pueden aprender a asociar ciertas palabras fáciles con una acción o un objeto.

Utilizar señales físicas

Los cachorros responden bien a las señales vocales, pero también puedes utilizar tu cuerpo para comunicarte de forma muy eficaz. Las señales activas con las manos y el cuerpo son señales que puedes combinarse con acciones y comportamientos. Un comportamiento pasivo, como simplemente darle la espalda e ignorar el comportamiento no deseado de tu cachorro, puede ser más eficaz que gritarle y chillarle cuando está haciendo algo que no te gusta. Pero ten en cuenta que tu cachorro puede estar intentando decirte algo importante, e ignorarlo puede ser perjudicial si está ansioso. Lo que al principio puede parecer un comportamiento exigente y detestable, en realidad puede ser algo muy diferente.

Algunos gestos que significan una cosa para una persona pueden ser interpretados de forma completamente diferente por un cachorro, especialmente si la persona que gesticula es un extraño. Abrazar, inclinarse para saludar, acariciar a un cachorro en la cabeza, mantener el contacto visual y besar pueden resultar amenazadores si tu cachorro no disfruta del contacto social cercano. Saludar a un cachorro nuevo permitiéndole entrar en tu espacio, oler tu mano y acariciarlo solo si te invita a hacerlo le ayudará a sentirse mucho más cómodo en tu presencia.

¿Tu cachorro te mira más de lo que te escucha?

La mayoría de los perros responden bien a los gestos vocales y físicos, pero ¿cuál es más eficaz? ¿Responden mejor a las señales visuales que a la palabra hablada? Un equipo de investigadores de la Universidad de Nápoles trató de responder a esta pregunta adiestrando a trece perros para que recuperaran tres objetos nombrados utilizando una señal vocal o un gesto con el dedo.[4] Era importante que los perros respondieran igual de bien a una señal visual o vocal, y solo nueve de los trece perros fueron adiestrados con éxito para responder a ambas y pasaron a la prueba final.

Curiosamente, los perros respondieron igual de bien a las señales visuales y verbales cuando se utilizaron por separado, pero cuando la palabra y la señal se utilizaron juntas, los perros respondieron mucho más rápido. Sin embargo, en la última prueba contradictoria más importante, siete de cada nueve perros optaron por seguir la señal visual.

Esta investigación es la última de una serie de estudios que arrojan resultados similares. Los perros responden bien tanto a las señales verbales como a las físicas cuando se utilizan por separado y conjuntamente, pero las señales visuales parecen ser ligeramente más eficaces, así que se consciente de cómo responde tu perro a tu lenguaje corporal y piensa en lo que estás haciendo cuando emites una señal verbal. Es posible que tu perro no responda en absoluto a la señal verbal, sino que, de hecho, esté siendo inducido por un cambio en tu cuerpo que se produce cada vez que emites esa señal concreta. Siempre he dicho que los perros nos observan más de lo que nos escuchan, y parece que este es el caso cuando les pedimos que hagan algo.

Cuestiones y resolución de problemas

Si su cachorro tiene dificultades para responder a sus señales, intente cambiar su forma de enseñar. Por ejemplo, aunque a la mayoría de los cachorros se les da bien seguir los gestos comunicativos humanos, es posible que su cachorro no entienda lo que significa el dedo que tú señala. Sin embargo, si dice el nombre de su perro, le mira y luego mira hacia donde señala, es más probable que comprenda lo que quiere que haga.

Aunque su cachorro conozca las señales pero no responda, su falta de obediencia no es desobediencia, terquedad o estupidez. Si un cachorro no responde a una frase o señal conocida, es posible que esté demasiado distraído, que no se sienta cómodo realizando el comportamiento en una situación concreta o que simplemente no sepa cómo hacerlo. Puede que haya enseñado a su perro a "sentarse" en casa, por ejemplo, pero esto no significa que vaya a generalizar ese comportamiento a otros entornos. Debe enseñarle la misma señal en tantos entornos diferentes como pueda para que se familiarice con la señal y la respuesta independientemente de dónde se encuentre.

El lenguaje de los cachorros

Los cachorros se comunican a través de una serie de señales diferentes, como las visuales, vocales, químicas y táctiles. Estas señales proporcionan un flujo constante de información: un lenguaje de comportamientos rituales que comunican intenciones, reflejan el estado emocional y resuelven conflictos. De hecho, la mayoría de los cachorros y perros adultos prefieren una resolución a una pelea, y gran parte de ello depende de que sean capaces de manipular sus propios cuerpos para comunicar sus intenciones pacíficas.

Señales similares tienen significados distintos en situaciones diferentes. Partes específicas del cuerpo del cachorro trabajan juntas para contar la historia completa. Observa todo el cuerpo de tu cachorro y ten en cuenta su entorno físico actual. Observa y lee partes específicas del cuerpo e interpreta las señales en su contexto antes de sacar una conclusión sobre lo que tu cachorro está intentando decir.

Por supuesto, las características de la raza pueden complicar el mensaje. Las caras de los perros no son tan expresivas como las nuestras debido a sus hocicos largos o cortos, y pueden ser difíciles de leer, sobre todo si tienen ciertas características faciales y corporales exageradas por la cría. Razas como los carlinos, los bulldogs, los mastines y los San Bernardos son especialmente difíciles de leer, ya que sus rasgos han sido muy manipulados. Esto hace que sea aún más importante observar lo que ocurre con todo el cuerpo del cachorro para poder captar la imagen completa.

Cuando un cachorro quiere resolver un conflicto o comunicar que no es una amenaza para otro perro o un humano, utilizará una serie de señales denominadas de apaciguamiento (o calmantes). Entre ellas se incluyen girar la cabeza, bostezar, olfatear, levantar una pata delantera, rascarse, parpadear, lamerse los labios, enseñar la barriga, bajar la cabeza y echar las orejas hacia atrás como gesto de sumisión. Es posible que veas a un cachorro hacer esto con un perro mayor, y parece que funciona siempre que el otro perro entienda el lenguaje.

Las señales de miedo y estrés se utilizan en momentos de incertidumbre y miedo real. Algunas de estas señales son manifiestas y fáciles de leer, como meter la cola, quedarse inmóvil, sacudirse, embestir, morder y chasquear los dedos. Pero hay un lenguaje físico que es fácil de malinterpretar o pasar por alto. Cuando un cachorro tiene miedo o está estresado, puede lamerse los labios, bostezar o ponerse boca arriba y mostrar el vientre. Pueden orinar, defecar, evadirse, huir o negarse a comer. En algunos casos, su miedo puede manifestarse en un comportamiento agresivo, como gruñir o morder. Si el cachorro decide poner distancia entre él y una amenaza percibida, inclinará su peso hacia delante y mostrará un comportamiento agresivo más manifiesto. Si retrocede o mantiene el peso hacia atrás, puede mostrarse más defensivo y temeroso. Todo lenguaje corporal debe evaluarse en su contexto para que no se malinterprete la intención del cachorro.

Si tu cachorro bosteza cuando no está cansado, se lame los labios cuando no tiene hambre o acaba de comer, desvía la mirada mostrando el blanco de los ojos, aparta el cuerpo si alguien intenta tocarle, se araña o muerde las patas u otra parte del cuerpo, o se sacude aunque tenga el pelo seco, es posible que esté estresado. Estos comportamientos no siempre se asocian con el estrés, pero siempre que veas estos comportamientos, observa el contexto y pregúntate si puede haber estrés de por medio.

Descodificación del lenguaje vocal

Las investigaciones demuestran que los perros vocalizan con mucha más frecuencia que los lobos. La vocalización tiene muchas funciones, como la comunicación de estados emocionales internos, la señalización social, la identificación de amenazas y la disuasión de peligros.[5]

Ladrido

Ladrar es un comportamiento natural de los perros y probablemente uno de los rasgos más importantes que los humanos seleccionaron para domesticarlos. Los perros fueron nuestros primeros sistemas de alarma: nos alertaban de depredadores o intrusos que amenazaban el ganado, las casas y los cultivos. Hemos fomentado y aprovechado esta vocalización para que nos ayude a localizar presas ocultas y nos avise de peligros inminentes, pero también queremos apagarla cuando no la necesitamos, y eso conlleva sus dificultades.

A los perros expresivos les suele costar mucho dejar de ladrar, y ¿por qué tienen que dejar de hacerlo si la información que nos dan es muy importante? Los perros ladran para llamar nuestra atención, alertarnos de posibles amenazas y comunicarnos su estado emocional interno o sus deseos y necesidades. Ladran para transmitir desagrado y para provocar respuestas cuando están excitados o ansiosos, o simplemente porque están aburridos. Ladrar es un comportamiento necesario.

No cabe duda de que ladrar demasiado es molesto, pero los ladridos de tu cachorro tienen mucho más significado y contienen más información de la que crees. Afortunadamente, se han realizado muchos estudios sobre la vocalización canina, y ahora comprendemos mejor lo que nuestros amigos caninos intentan decir. Uno de los descubrimientos más importantes es que los perros ladran de forma diferente según la situación, y cuando escuchamos de verdad, estamos naturalmente muy atentos al significado.

En un estudio publicado en Animal Behaviour, Sophia Yin y Brenda McCowan compararon el sonido de los ladridos de los perros cuando alguien llamaba al timbre, cuando un perro se quedaba solo y cuando jugaba con otro perro o con una persona. Informaron de que «los ladridos ásperos, de baja frecuencia y no modulados eran más frecuentes en la situación de perturbación, y los ladridos más tonales, de tono más alto y modulados eran más frecuentes en las situaciones de aislamiento y juego».[6]

Es posible que estés más atento a los matices sutiles de lo que significan los distintos ladridos de lo que crees. Un estudio tomó a varias personas y les puso los ladridos de perros que no conocían. Curiosamente, fueron capaces de saber lo que sentían los perros con solo escuchar una grabación de los ladridos. Esto debe significar que la comunicación vocal canina es bastante similar en todas las especies, y que la evolución nos ha ayudado a entender lo que dicen los perros.[7]

Controlar los ladridos del cachorro

Si tu cachorro ladra en exceso, pregúntate por qué y escúchale, porque puede estar intentando decirte algo importante. ¿Ladra en respuesta a un perro que oye en el vecindario o a un invitado que entra en casa? ¿Ladra cuando se queda solo o cuando quiere algo de ti? Intenta identificar las razones por las que ladra y elabora un plan para abordarlas.

Utiliza el control para crear un entorno en el que tu cachorro ladre menos o dale más enriquecimiento si está aburrido. Si ladra porque quiere salir, enséñale a acercarse a su mano para indicarle que quiere salir. Para ello, elógialo cada vez que toque su mano con la nariz de forma natural y, si la situación lo permite, llévalo fuera inmediatamente después de que lo haga. También puedes ofrecerle tu mano y sacarle cuando vaya a investigarla con la nariz. Puedes añadir a la acción una palabra o frase sencilla, como «¿Quieres salir?», para que establezca la conexión entre la acción de tocarse la nariz, la frase y el hecho de que le dejes salir.

Si tu cachorro te avisa de que alguien se acerca a la casa, dale las gracias por hacer su trabajo y hazte cargo a partir de ahí. Jasmine es una ladradora alerta, y quiero que me avise cuando alguien se acerca a mi propiedad. Esto le da un trabajo importante que hacer, pero una vez que me ha alertado, tengo que hacerme cargo. Le enseñé a alertarme y luego a dejar de ladrar, preparando el escenario con un amigo y permitiendo que Jasmine me avisara con una serie de ladridos cuando mi amigo llegara a la entrada. Entonces le dije a Jasmine: «Gracias» y le di una golosina para decirle que yo me hacía cargo a partir de ese momento. Hicieron falta unas cuantas repeticiones y situaciones de la vida real para que entendiera su trabajo, ¡pero ahora formamos un gran equipo!

Si tu cachorro ladra constantemente a la gente que pasa por delante de tu casa, puedes solucionarlo cerrando las cortinas o bloqueando el acceso a la ventana. Puede enseñarle a recordar de forma fiable para que pueda alejarse de la ventana. Encontrar una forma de satisfacer la necesidad de ladrar de tu cachorro y gestionar su entorno para reducir esa necesidad es un buen comienzo para la modificación.

A veces, la mejor solución para un comportamiento que quieres cambiar es utilizar el propio comportamiento problemático. Si tu cachorro ya ladra, enséñale a «hablar» y luego a «callarse» cuando se lo indiquen. Enseñar comportamientos con un sistema de oposición *on* y *off* a veces ayuda a los cachorros a entender que ese comportamiento es aceptable en determinadas circunstancias. Así es como lo enseño yo:

- Yo capto el comportamiento de ladrar cuando mi cachorro lo está haciendo de forma natural, diciéndole que «hable» mientras ladra.
- En cuanto mi cachorro deja de ladrar de forma natural, le digo «silencio» y le doy una golosina.
- No animaré a mi cachorro a ladrar de nuevo, pero marcaré cuando mi cachorro ladre de forma natural, con la palabra clave «habla», y cuando pare de forma natural, con la palabra clave «silencio».
- Después de unas cuantas repeticiones con éxito, empezaré a retener la recompensa de comida por «silencio» un poco más de lo normal y seguiré aumentando el tiempo que la retengo de dos a cinco segundos y luego de cinco a diez segundos y así sucesivamente hasta que entregue la golosina. Esto anima a mi cachorro a estar quieto durante periodos cada vez más largos y me asegura que no estoy creando una cadena de comportamiento en la que un cachorro ladra para obtener recompensas de comida.

Ahora puedo practicar en otras situaciones y en momentos en los que el cachorro ladra, siempre que entienda lo que intenta comunicarme. Los cachorros necesitan enriquecimiento y ejercicio, lo que reduce en gran medida el deseo de ladrar, pero si tu cachorro ladra durante un periodo de tiempo cuando sales de casa, es posible que tenga un problema al separarse de ti. Es entonces cuando debes llamar a un adiestrador canino certificado en positivo para que te ayude con los problemas de separación, que podrían empeorar en el futuro si no se tratan.

La ansiedad por separación es un comportamiento muy común en perros adultos y muy difícil de tratar, pero puede prevenirse si enseñas a tu cachorro a arreglárselas solo durante breves periodos de tiempo, aumentando gradualmente hasta una duración adecuada. Tu cachorro puede quejarse y ladrar si lo dejas solo, pero si satisfaces sus necesidades en lugar de ignorarlo, ganará confianza. Intenta dejarle con algo que pueda hacer, como jugar con un juguete apropiado para cachorros. Intenta dejarle cuando ya haya hecho mucho ejercicio y esté dispuesto a echarse una siesta. Si lo abrumas con atenciones cuando lo coges por primera vez y luego lo dejas solo durante ocho horas al día cuando tienes que volver al trabajo, no podrá soportarlo. De hecho, ocho horas es demasiado tiempo para dejar solo a un cachorro sin contratar a un canguro que lo saque a hacer sus necesidades y se asegure de que está entretenido a lo largo del día.

Gruñidos

La mayoría de los perros gruñen en algún momento de su vida, ya sea para alejar a otro perro de un hueso, cuando alguien los toca o durante el juego. A diferencia de los ladridos, que varían según el contexto, los gruñidos tienden a ser más similares. Las investigaciones han demostrado que los gruñidos agresivos son más largos que los gruñidos de juego y que los gruñidos de juego tienen una pausa más corta entre gruñidos, probablemente porque los gruñidos de juego son solo simulacros de batalla y no necesitan mantenerse tanto como los reales.[8]

No es agradable que un perro te gruña, pero no todos los gruñidos son de advertencia o amenaza. Algunos perros simplemente gruñen más que otros, y lo hacen en diversos contextos: durante los juegos entre perros, entre humanos o mientras se les acaricia. Si el gruñido es grave y sostenido y va acompañado de un cuerpo tenso, ojos duros y fijos y labios levantados que dejan ver los dientes, tome la advertencia y aléjese. El perro va en serio.

¿Qué hacer si tu cachorro gruñe? Nuestro instinto natural es regañar al cachorro, pero eso suele ser lo peor que puede hacer. Los gruñidos son información importante. El cachorro te está diciendo que te alejes de algo y, si castigas el gruñido, básicamente le estás diciendo que no te avise. De hecho, agradezco cuando los cachorros y los perros me gruñen porque me están comunicando su necesidad de que haga algo. Prefiero que gruñan y me avisen de que tengo que retroceder a que me muerdan directamente. Si castigas el gruñido, estás enseñando al cachorro a hacer exactamente eso.

¿Qué puedes hacer si tu cachorro te gruñe? En primer lugar, presta atención a la advertencia y aléjate de un cachorro que gruñe. A continuación, pregúntate por qué lo hace. ¿Es por un hueso o un juguete? ¿Es porque no le gusta que le toquen? Una vez que sepas por qué, podrás trabajar para cambiar su comportamiento.

Empieza por controlar el entorno de tu cachorro y quítale la comida o los juguetes que le hagan ponerse en guardia. A continuación, puedes introducir un juguete que tenga menos valor y jugar con tu cachorro, compartiendo el juego y el juguete. Si gruñe cuando lo tocas o lo coges en brazos, llévalo directamente al veterinario para averiguar si le duele alguna parte del cuerpo o si es sensible a que le toquen. Cuando hayas descartado que el gruñido tenga una causa médica, puedes dejar de tocarle durante un tiempo e introducir las caricias poco a poco.

Los perros entienden el lenguaje universal del gruñido. Un estudio del Family Dog Project demostró que los gruñidos también tienen significado en el mundo de perro a perro. Se colocó a los perros en una habitación con un hueso y, a medida que se acercaban al hueso, los investigadores reproducían una grabación de uno de los tres tipos de gruñidos. Los perros se apartaban del hueso cuando sonaba el gruñido de «este es mi hueso», pero en general ignoraban el gruñido de peligro y el gruñido de juego, lo que demuestra que los perros saben lo que significan estos gruñidos.[9]

Habilidades de masticación

Jasmine llegó a mi familia cuando tenía seis meses. Un kilo y medio de dulzura entró en nuestras vidas y nos llenó de alegría. No estábamos acostumbrados a tener un perro tan joven en casa, ya que Sadie tenía entonces nueve años, pero se adaptó muy bien y se convirtió rápidamente en el amor de nuestras vidas. Todo iba bien hasta que me di cuenta de que los bordes de los armarios de la cocina y las patas de las sillas estaban ásperos y desiguales. Al pasar los dedos por las esquinas inferiores de la isla de la cocina, noté la forma de pequeñas marcas de dientes que habían surcado la madera. Era inconfundible: la cachorrita habían rediseñado mis muebles de la noche a la mañana, y el daño era considerable.

No hay nada más frustrante que encontrar esas marcas de dientes delatoras en tu sillón favorito o encontrar una almohada o un sofá mordisqueados, pero morder y masticar son uno de esos comportamientos caninos que tienen todo el sentido del mundo para un perro y satisfacen una necesidad importante. Los perros no aprecian el valor de un zapato de diseño o de una silla cara: masticar les hace sentir bien y es una forma potente de aliviar el aburrimiento, la ansiedad o el estrés.

La masticación y el mordisqueo se producen cuando los cachorros utilizan los dientes para manipular un objeto. Los cachorros pueden masticar y morder con distintas intensidades. Masticar y morder son comportamientos normales del cachorro y es típico de los que están en la etapa de transición del desarrollo. Es la forma en que un cachorro explora su mundo porque, a diferencia de los humanos lactantes, los cachorros no poseen pulgares oponibles y tienen que utilizar la nariz y la boca para investigar la forma, la textura y el olor de las cosas nuevas.

Los cachorros mastican como parte del proceso de dentición, que suele producirse entre las cuatro y las treinta semanas de edad. Masticar cualquier objeto ayuda a aliviar las encías que rodean los dientes, lo que favorece la caída de los dientes de leche y el crecimiento de los dientes adultos. Durante este periodo, los cachorros también masticarán como forma de explorar objetos y, al igual que los bebés humanos, todo tiende a acabar en su boca. Es muy importante que los cachorros y los perros jóvenes estén siempre vigilados cuando anden sueltos por casa y en una zona segura y resistente a los mordiscos cuando no estén vigilados. Asegúrate de que esta «zona segura» esté cerca de las zonas más concurridas de la casa para que tu cachorro no se sienta aislado. Si no encuentras una habitación adecuada, considera la posibilidad de utilizar una jaula para convertirla en una guarida segura y acogedora, y utilízala con moderación para que no se convierta en un lugar de confinamiento a largo plazo. También puedes preparar al cachorro para el éxito retirando de casa cualquier objeto que pueda tentarle a morder, como cables, zapatos o juguetes de niños.

La masticación intensa suele remitir en torno a los seis meses de edad, pero muchos perros continúan haciéndolo hasta la edad adulta, sobre todo si disfrutan con esta actividad. En lugar de reñirle por masticar, es mucho mejor reorientarlo hacia un objeto adecuado. Regañar al cachorro podría animarle a escapar del castigo mordisqueando cuando no estés y no aborda la razón por la que lo hace. Si lo pillas en el acto, simplemente reoriéntalo hacia un juguete u objeto que pueda morder y elógialo por morder ese objeto.

Morder objetos inapropiados casi siempre es gratificante, y al cachorro no le importa si se trata de tus zapatos, tu bolso o el mando a distancia. A muchas personas les molesta que su cachorro muerda, pero solo se dan cuenta cuando afecta a objetos que les importan o se produce con mayor intensidad.

Si el cachorro mastica porque se aburre, proporcióale una estimulación mental y física adecuada. Si mordisquea porque le gusta, reoriéntalo hacia un objeto apropiado para masticar, pero si crees que lo hace está estresado, proporciónale alivio ambiental y consulta a un adiestrador o a un especialista en comportamiento.

A los cachorros les encanta coger cosas y salir corriendo con ellas, y por supuesto un juego de persecución es lo más divertido de todo. Pero ¿qué hacer si coge algo que tú no quieres que tenga? Puedes evitar que se produzca este comportamiento en primer lugar enseñándole un «cógelo» y un «suéltalo» firmes. Estas útiles habilidades pueden emplearse para recuperar el juguete sin necesidad de utilizar la fuerza física y os ayudarán a evitar entrar en un divertido juego de persecución o tira y afloja con el objeto. Agarrar objetos de la boca de su cachorro también puede enseñarle a huir y esconderse, o a tragarse el objeto lo antes posible antes de que puedas llegar hasta él (consulta «Mío» en la página 207 para enseñarle el juego de «cógelo y suéltalo»). Proporciónale juguetes adecuados para morder, pero asegúrate de que son duraderos y resistentes.

Puedes mantener a tu cachorro ocupado y alejado de las travesuras dándole un juguete masticable hueco con comida en su interior mientras se relaja en su zona segura o en su jaula. Presta atención a los tipos de juguetes masticables que le gustan y ofrécele momentos durante el día en los que pueda masticar activamente, lo que mantendrá sus mandíbulas fuertes y sus dientes limpios. Si tienes varios perros en casa, fomenta la relajación y evita posibles desacuerdos sobre los juguetes asignando a cada cachorro y perro un lugar separado para mordisquearlos, lo que hará que el momento sea mucho más agradable y libre de estrés.

El ejercicio y el enriquecimiento son muy valiosos para todos los cachorros y pueden ayudar a frenar el deseo de morder. Un cachorro cansado es un cachorro feliz que tiene menos energía para permitirse comportamientos destructivos. Encuentra maneras adecuadas para que tu cachorro libere sus energías. El ejercicio físico es importante, pero la estimulación mental es crucial. Enriquece su aprendizaje con juegos divertidos, rompecabezas y juguetes interactivos. Encuentra un deporte o una actividad que os guste a los dos para ayudarle a liberar el estrés o la tensión que pueda sentir.

Si las sugerencias anteriores no tienen éxito, la masticación podría estar relacionada con una afección médica o ser un síntoma de un problema de ansiedad más profundo. La masticación destructiva suele producirse cuando un cachorro o un perro se quedan solos y está relacionada con sentimientos de aislamiento, soledad y pánico. Esto se conoce a veces como ansiedad o angustia por separación y necesita la ayuda de un adiestrador en positivo o de un veterinario conductista que diseñe un protocolo completo de modificación de la conducta que pueda adaptarse a las necesidades específicas de tu perro. Si sospechas que el mordisqueo está relacionado con una afección médica, llévalo al veterinario para que le haga un chequeo completo.

Siguiendo estos sencillos pasos y controlando el entorno doméstico, la masticación destructiva puede convertirse en cosa del pasado, y tus muebles, bolsos y, lo que es más importante, tu cachorro te lo agradecerán. El control, la supervisión y la reorientación son las claves para enseñar a morder y masticar de forma adecuada.

Habilidades para morder y mordisquear

Los mordiscos son frecuentes cuando los cachorros están excitados y quieren jugar. Puede ser bonito cuando el cachorro es pequeño, pero las bocas pequeñas se convierten en bocas grandes de adulto y un comportamiento que antes era dulce ahora se convierte en un verdadero problema. Aunque mordisquear puede ser la mejor solución al problema, es importante enseñar a un cachorro nuevo que sus dientes en la piel humana nunca son apropiados. La solución suelen ser el control, la recompensa y la reorientación.

Empieza por controlar su entorno para que no pueda practicar ese comportamiento. Esto puede significar que te retires detrás de una barrera si el juego se vuelve demasiado brusco. Coloca una barrera entre el cachorro y tú, pero utilízala solo como último recurso, ya que podría frustrarle o incluso ponerle más nervioso. Las investigaciones de los psicólogos sobre el «tiempo muerto» en niños demuestran que «suele ser ineficaz para lograr los objetivos de la disciplina: cambiar el comportamiento y desarrollar habilidades». Los padres pueden pensar que esta técnica hace que los niños se calmen y reflexionen sobre su comportamiento. Pero, en lugar de eso, con frecuencia los tiempos muertos hacen que los niños se enfaden más y estén más desregulados, dejándoles aún menos capaces de controlarse a sí mismos.[10]

A menudo, las personas a las que les gusta pelearse con sus cachorros mientras juegan les animan inadvertidamente a morderles durante el juego. Todo esto está muy bien, pero si tienes niños o sabes que el cachorro va a interactuar con otros niños o personas mayores en algún momento, quizá debas pensar en jugar a otro juego. No puedes animar a tu cachorro a que te muerda durante los juegos bruscos y luego regañarle cuando lo haga con un niño. El doble rasero y las normas incoherentes no funcionan con los perros, así que si no quieres que tu cachorro ponga la boca en la ropa o la piel de un niño, debes evitar fomentar este comportamiento durante vuestras interacciones. Me gusta utilizar palos para enseñar a mi cachorro un juego de tira y afloja como recompensa por volver a centrar su boca y su atención. Se trata de juegos divertidos y activos que le permiten jugar con un juguete y llevárselo a la boca en lugar de hacerlo contigo.

La solución para que el cachorro deje de morder es enseñarle a hacer otra cosa en su lugar. Puedes enseñarle una señal de «boca cerrada» o enseñarle a lamer cuando se le indique, porque un cachorro que lame no puede morder. Para ello, elogia a tu cachorro cada vez que te lama y asocia la acción de lamer con una palabra o frase. Una vez que hayas establecido la asociación entre la acción de lamer y la frase, puedes utilizar la señal si está mordisqueando y ver si cambia a lamer. Puede resultar difícil de enseñar, sobre todo si el cachorro está muy excitado, pero puede ser muy útil para recordarle que los mordiscos duelen. También puedes redirigirlo hacia un juguete tentador.

El tira y afloja es una forma estupenda de enseñar a los cachorros cuándo es apropiado llevarse la boca a la boca y cuándo esperar. Al enseñar a un cachorro cuándo agarrar el tira y afloja y cuándo soltarlo, se le enseña a pensar antes de morder. El tira y afloja es un juego estupendo, pero es mejor enseñarlo con algunas normas de seguridad desde el principio.

Aunque al principio tu cachorro no sepa qué hacer con un juguete de tracción, seguro que se lo lleva a la boca cuando se lo das por primera vez. Es su forma de investigar cómo huele, sabe y se siente, pero un juguete de tracción no cobra vida hasta que se mueve. He aquí cómo empezar el juego del tira y afloja:

- Colócate a la altura de tu cachorro y mantán el juguete a poca altura del suelo. De este modo, le resultará más cómodo jugar con él y no tendrás que levantar la vista ni agitar el juguete delante de su cara mientras te inclinas sobre él. Si no puedes ponerte en el suelo, intenta sentarte en una silla para estar más cerca de su nivel.
- Empieza moviendo el juguete dc un lado a otro con movimientos cortos y erráticos y observa lo que hace tu cachorro. Si se lanza a por el juguete, está seguro de que le interesa y le motiva el movimiento, pero si mira hacia otro lado o se calla, puede que el juego sea demasiado enérgico para él. Prueba a ralentizarlo un poco y observa su reacción.
- El juego del tira y afloja consiste en estimular el instinto de persecución y de presa de tu cachorro, lo que significa que estará más alerta, activo y excitado cuando se le presente el juguete. Elogia mucho a tu cachorro cuando salte sobre el juguete y, si se lo lleva a la boca, únete al juego moviendo el juguete de un lado a otro.
- No te preocupes por ganar o perder. Algunas personas te dirán que el tira y afloja es un mal juego porque vuelve agresivos a los perros o que siempre debes asegurarte de ganar o tu perro empezará a dominarte. Aunque es cierto que algunos perros se excitan tanto jugando al tira y afloja que parece que enloquecen, no hay ganadores ni perdedores. El tira y afloja es un juego estupendo porque ambos jugáis juntos, cooperando y compartiendo la misma experiencia. Si se te cae el juguete, lo más probable es que tu cachorro lo recoja y te lo devuelva para que el juego continúe. Si decide llevarse el juguete, puede que esté diciendo que quiere que el juego termine y eso está bien; no le regañes y espera a que vuelva, anímale a venir a jugar de nuevo con otro juguete o detén el juego.
- Si a tu cachorro se le cae el juguete en cualquier momento, dile «suéltalo» y devuélveselo inmediatamente (para más información sobre las señales de «suéltalo», consulta la página 207). Se trata de una importante habilidad vital que le enseñará a soltar las cosas cuando se le indique.

> Para él, soltar objetos es una experiencia positiva, ya que cuando suelta el juguete, lo recupera inmediatamente. Una vez que suelte el juguete de tracción con regularidad, puedes utilizar la señal para otras cosas que quieras que suelte, especialmente si tiene algo en la boca que no quieres que tenga.

Si nada parece detener el mordisqueo del cachorro, retírate del juego y, si es necesario, ponte detrás de una barrera. Sal rápidamente de la zona, permanece fuera uno o dos minutos, vuelve y dale al cachorro otra oportunidad. Repítelo si es necesario. Resulta útil volver a la zona preparado con juguetes y golosinas para que el cachorro tenga algo en lo que concentrarse.

Habilidades para ir al baño

Enseñar a tu cachorro dónde y cuándo hacer sus necesidades funciona bien cuando existe una combinación de coherencia, sentido común y protocolos de adiestramiento positivos. Mientras que para ti tiene mucho sentido que haga sus necesidades fuera de casa, para él cualquier sitio es un retrete a menos que se le enseñe dónde debe ir.

Existen varias formas de adiestrar a un cachorro para que vaya al baño, y todo depende de dónde vivas. Si vives en un entorno urbano sin patio, quizá prefieras entrenar a tu cachorro con papel higiénico hasta que esté debidamente vacunado. Cuando sea seguro para que esté en el exterior, puedes empezar a pasar de hacer sus necesidades dentro de casa, en el papel, al exterior. Si tienes un patio o una zona exterior segura, puedes utilizar una combinación de papeles o almohadillas de adiestramiento e ir al baño en el exterior, o puedes prescindir totalmente de ambas cosas y sacar a tu cachorro directamente al exterior.

El adiestramiento en el hogar se basa casi exclusivamente en el control. El cachorro debe estar encerrado en un recinto, una jaula o detrás de una puerta para bebés, y supervisado en los momentos en que tenga más libertad para moverse. Deberá salir con regularidad, idealmente cada treinta minutos al principio. Sácalo al patio o al exterior con correa. Si tu cachorro no hace sus necesidades en cinco minutos, vuelve a entrar en casa durante un minuto y luego sal a intentarlo de nuevo. Si hace sus necesidades fuera, elógialo, y después juega o pasea con él un rato antes de volver a meterlo dentro y dejarle hasta veinte minutos de tiempo libre en el interior con supervisión activa durante todo el tiempo.

Después de un tiempo sin salir de casa, encierra a tu cachorro en su jaula o en una zona segura para evitar que sufra accidentes en casa.

No grites a tu cachorro si tiene un accidente y nunca le frotes la nariz en las heces o la orina porque puede aprender a hacer sus necesidades fuera de tu vista en lugar de entender que lo está haciendo el el lugar equivocado. Si ves que hace sus necesidades donde no debe, interrúmpelo lo más suavemente posible y llévalo fuera para que termine.

El adiestramiento es mucho más fácil cuando toda la familia colabora. Para aumentar las probabilidades de que el adiestramiento se produzca rápidamente, es una buena idea crear una tabla que muestre cada hora del día y quién es responsable de sacar al cachorro a esa hora. La misma tabla puede utilizarse para anotar si el cachorro ha hecho pis o caca o si se ha producido un accidente.

Si tu cachorro sigue teniendo accidentes ocasionales, puede que sea necesario un control más estricto.

Estas son las claves del éxito del adiestramiento:

- Controla el entorno de tu cachorro para que no pueda hacer sus necesidades donde tú no quieres.
- Proporciónale muchas oportunidades para hacerlo en el lugar correcto.
- Refuerza las buenas elecciones (por ejemplo, ir al baño fuera) con juegos, juguetes y golosinas.
- Limita el confinamiento en una jaula o zona segura a períodos de tiempo razonables.

- Pon papeles o empapadores en un espacio de confinamiento si el cachorro necesita estar confinado mientras estés en el trabajo. Contrata a un canguro para que esté con él cuando tú no puedas.
- Si quieres adiestrar primero a tu cachorro en el uso de papel y luego pasar a que haga sus necesidades fuera de casa, te explicamos cómo hacerlo:
- Crea un área o «zona segura» donde pueda estar confinado cuando no esté supervisado. Puede ser una jaula o una pequeña habitación a prueba de cachorros con su cama o jaula, su comida y su cuenco de agua.
- Coloca almohadillas de entrenamiento en toda la zona. Al principio, tu cachorro hará sus necesidades en cualquier almohadilla que esté en el suelo.
- Asegúrate de retirar con frecuencia los empapadores sucios.
- Reduce el número de almohadillas en la zona segura retirando una cada pocos días, dejando una pequeña zona sin ellas. Dado que tu cachorro ha adquirido el hábito de hacer sus necesidades en los empapadores, debería ir de forma natural hacia la zona de suelo aún cubierta, dejando limpia la zona en la que no haya almohadillas.
- A los cachorros no les suele gustar hacer sus necesidades demasiado cerca de donde comen o duermen, así que asegúrate de que las almohadillas que se retiran primero son las que están más cerca de la cama y los comederos del cachorro.
- A lo largo de las semanas siguientes, reduce gradualmente la zona de aseo retirando cada almohadilla hasta que queden una o dos. Asegúrate de que las almohadillas restantes sean las más alejadas de la cama y el comedero del cachorro y cámbialas con regularidad.
- Utiliza una frase o palabra que tu cachorro asocie con ir al baño y dísela mientras hace sus necesidades. Cuando termine, elógialo o dale su golosina o juguete favorito como recompensa. Sé constante con esta palabra y empezará a

asociarla con el acto de ir al baño, de modo que podrás utilizarla para animarle a hacer sus necesidades.

- Cuando llegue el momento de pasar de hacer sus necesidades en el interior a hacerlo en el exterior, lleva un empapador parcialmente sucio a una zona exterior adecuada y colócalo en el suelo. De este modo, animarás al cachorro a hacer sus necesidades en el exterior sin renunciar a la sensación reconfortante de la almohadilla bajo sus patas.
- Cuando tenga confianza para salir al exterior, elimina por completo el uso de almohadillas.
- Si quieres crear una zona de aseo permanente en tu casa, ve acercando gradualmente su cama o jaula a esta zona si está en un lugar diferente para que tu cachorro se acostumbre a hacer sus necesidades ahí. A medida que le vayas dando más libertad, anímale a hacer sus necesidades en la zona de aseo llevándole a ella cada hora y, después, con menos regularidad a medida que aprenda a aguantarse durante más tiempo.
- Tu cachorro debería estar ya en la fase de hacer sus necesidades en el empapador o de aguantarse hasta que pueda hacer sus necesidades en el exterior. Esta opción es especialmente importante para los cachorros más pequeños y los perros que no puedan aguantarse durante mucho tiempo.

Presta especial atención y estate preparado para que tu cachorro haga sus necesidades inmediatamente después de las comidas, después de las sesiones de adiestramiento, poco después de despertarse, después de un juego intenso, durante o después de un acontecimiento estresante o cuando esté nervioso. Algunos perros que están bien educados pueden tener algún accidente ocasional, pero otros hacen sus necesidades porque están nerviosos, excitados, no se encuentran bien o están marcando su territorio con su olor. Recuerda que en el mundo de st cachorro no existen normas para ir al baño hasta que tú se las enseñes. Puede hacer sus necesidades en cualquier lugar que le resulte cómodo y seguro y siempre que lo necesite. Depende de ti enseñarle que solo puede hacer sus necesidades en almohadillas o en el exterior, entendiendo que no es la mejor experiencia para él salir al exterior cuando llueve o cuando la temperatura es demasiado cálida o demasiado fría.

Acudir cuando se le llama

Enséñale a recordar antes de ponerle la correa. Empieza por crear un vínculo fuerte con tu cachorro, porque cuanto más fuerte sea la relación y la confianza entre vosotros, más receptivo será. Aunque las normas de aprendizaje se aplican a todos los perros, cada cachorro tiene su propio estilo de aprendizaje. Trabajar con sus puntos fuertes, comprender sus puntos débiles y organizar un plan de enseñanza coherente fomentará el éxito.

La recuperación es la primera habilidad que se debe enseñar a todos los cachorros, antes de enseñarles a sentarse o tumbarse, porque es la habilidad de seguridad más importante. Los cachorros no deben estar sin correa en lugares públicos hasta que entiendan que tienen que volver cuando se les llama, independientemente de lo que estén haciendo.

Alejar a un cachorro o a un perro de algo divertido es extremadamente difícil. Cuando un cachorro está jugando, buscando o persiguiendo algo, su cuerpo y su cerebro se inundan de hormonas como la adrenalina y el cortisol, así como de neurotransmisores altamente placenteros y adictivos como la dopamina.

La dopamina es un neurotransmisor que desempeña un papel fundamental en el aprendizaje basado en la recompensa, ya que estimula el sistema buscador del perro y ayuda a regular su movimiento y sus respuestas emocionales. La dopamina se libera en el cerebro de perros y humanos cuando hacen algo que les hace sentir bien. Jugar con otros cachorros, tirar de un juguete o buscar un tesoro escondido en el suelo se convierte en algo casi adictivo, por lo que a su cachorro le resultará difícil resistirse al refuerzo y aún más difícil parar cuando se lo digan.

Los estudios demuestran que la anticipación del refuerzo, tanto para los cachorros como para las personas, puede ser incluso más reforzante que la propia recompensa y dificulta mucho el aprendizaje centrado. Por eso algunos cachorros se excitan tanto y tiran de la correa. La liberación de dopamina dificulta la concentración, la claridad de pensamiento y el control de los impulsos. A un cachorro que se está divirtiendo le costará más dejar lo que está haciendo y volver a ti. ¿Cuántas veces has respondido con un «solo un minuto» cuando alguien te ha pedido algo mientras completabas una tarea previa? Pedirle a tu excitable cachorro que vuelva cuando está investigando algo sorprendente y esperar a que responda es su forma de decir «solo un minuto». Él tiene algo muy importante que hacer antes de volver contigo.

¿Cómo se enseña a un cachorro a que acuda a tu llamada y qué se hace cuando no vuelve? ¿Corre hacia otro olor y sigue jugando? Puedes empezar con esta sencilla regla: la llamada forma parte de la vida diaria. No solo tiene lugar cuando estás enseñando activamente a su cachorro, sino que forma parte de todo lo que hace. Para el cachorro, responder es tan fácil como respirar.

Llama a tu cachorro en diversas situaciones todos los días, no solo cuando le estés enseñando algo. Hazlo acudir a ti en casa, en la calle y cuando esté en el parque. Crear este hábito es importante, pero la repetición constante aburrirá a tu cachorro y hará que sea menos probable que responda. Cuando decida levantarse de la cama y caminar hacia ti, elógialo. Cuando estéis jugando en el patio y coja algo y te lo traiga, recopensalo y juega a su juego favorito. Cuando recuerde algo durante el adiestramiento, juega al tira y afloja con su juguete favorito o con la golosina más sabrosa. Que acuda cuando le llames se convertirá en algo tan natural y fortalecedor para tu cachorro que acudirá cada vez que se lo pidas.

Tu trabajo consiste en hacer que volver a tu lado sea lo mejor que pueda hacer tu cachorro, y no lo conseguirás si tienes una relación de confrontación o castigo con él. No caigas en la trampa de enfadarte cuando tu cachorro no vuelva cuando le llames. Permita el fracaso porque, a través del fracaso, ambos aprenderéis. Cuando tu cachorro vuelva a tu lado, elógialo, aunque te haya ignorado previamente. Volver a ti y estar a tu lado es el lugar seguro de tu cachorro. Tú eres su ancla, y los cachorros gravitarán de forma natural hacia algo o alguien que les parezca seguro. Tu trabajo consiste en proporcionarle esa seguridad siempre que esté contigo, así como darle la confianza necesaria para alejarse de ti en situaciones estresantes y entornos desconocidos.

Si tu cachorro no remonta en una situación concreta, pregúntate qué podrías haber hecho para facilitarle el éxito y, a continuación, vuelve a lo básico para llegar de nuevo a esa situación. Prepara a tu cachorro para el éxito evitando situaciones en las que se vea obligado a fracasar. Si no está preparado para ir sin correa a ningún sitio, no lo lleves sin correa. No esperes que tenga éxito si le enseñas durante cinco minutos, le pones en un campo de olores y le pides que vuelva a ti. Desarrolla la señal para que acuda lentamente y hazla sólida como una roca en entornos libres de distracciones y en diferentes situaciones antes de utilizarla en situaciones en las que le resulte más difícil centrarse en ti.

El toque de nariz

El toque de nariz es una forma divertida de llamar a tu cachorro. Esto se produce cuando un cachorro toca con su nariz la mano del adiestrador. Los toques preferidos suelen ser con la boca cerrada sobre la palma de la mano o, a veces, con dos dedos extendidos en el caso de perros con narices más pequeñas. Los cachorros pueden estar en cualquier posición al realizar un toque de nariz. De hecho, los toques de nariz son más útiles cuando el cachorro camina o corre hacia la mano.

El toque de nariz es una forma de orientación o de enseñar a su perro a fijarse en un área u objeto o a interactuar con ellos. En este caso, el objetivo es tu mano.

La orientación tiene muchas finalidades, como mover al perro por un espacio, orientarlo hacia un objeto, volver a centrarlo y recuperarlo. La belleza de esta técnica es su simplicidad: todos los perros pueden hacerlo y este comportamiento es fácil de realizar y comprender tanto para los perros como para los humanos.

Captar un toque de nariz es una forma estupenda de ayudar a un cachorro a entender que realizar ciertos comportamientos tiene recompensas. Es rápido y fácil para cachorros y perros curiosos, pero no todos los cachorros quieren tocarte la mano, así que no te frustres si tu cachorro no lo consigue enseguida.

A continuación se explica cómo enseñar el toque de nariz:

- Extiende la palma de la mano cerca del cachorro, pero no se la acerques a la cara. Espera a que se acerque, investigue y toque tu mano con su nariz.
- Cuando toque tu mano con la nariz, marca la acción con un «sí» y recompénsale con un trozo de comida.
- Una vez que el cachorro realice el comportamiento con confianza, añade una señal mientras te está tocando.
- Repite esta operación hasta que el cachorro responda siempre y, a continuación, di la palabra clave mientras presentas la mano.
- Empieza a añadir distancia para que tu cachorro tenga que moverse para alcanzar tu mano. Esto ayudará a movilizarle y conseguir que acuda a ti cuando le llames.
- Si no se muestra dispuesto a este toque, utiliza comida para que se interese por tu mano o por el objetivo.

Habilidades de juego

No hay nada más gratificante que ver jugar a los cachorros. El juego es vital porque mejora las habilidades sociales, pone límites a los cachorros y mejora la coordinación. El juego es una actividad de vinculación que provoca respuestas emocionales incompatibles con el comportamiento agresivo y activa el sistema de búsqueda del cachorro, lo que le hace sentirse bien. Cuando los cachorros juegan con objetos, su novedad, imprevisibilidad y complejidad afectan a la cantidad y el tipo de interacciones con el objeto y pueden estar relacionadas con cualquier aprendizaje que tenga lugar. Cuando los cachorros juegan con personas y otros perros, se crea confianza y vínculos valiosos.

Juego social con otros perros

Jugar a pelearse es como un simulacro de batalla, en el que los cachorros intercambian los papeles entre «atacante» y «defensor». El combate puede parecer bastante duro a veces y, de hecho, si tu cachorro juega con otro cachorro o perro adulto, debes supervisarlo y estar atento a cualquier señal que indique que tu cachorro está incómodo o que ya ha tenido suficiente, pero si ambos cachorros conocen las reglas del juego, el juego duro es normal y saludable.

Marc Bekoff, profesor emérito de Ecología y Biología Evolutiva de la Universidad de Colorado, afirma que el juego en los perros se negocia cuidadosamente y sigue cuatro reglas generales para evitar que se convierta en peleas.[11] Se trata de que los cachorros se comuniquen con claridad, cuiden sus modales, admitan cuando se equivocan y sean honestos:

- Para comunicarse con claridad, los cachorros se hacen señales mientras juegan. Una reverencia de juego es la forma en que los cachorros señalan que quieren jugar y que, mientras hacen una pausa en el juego, el comportamiento que viene a continuación sigue siendo un juego y no pretende causar ningún daño. La reciprocidad es una parte importante del juego social saludable en los perros y, si el juego es mutuo, los cachorros se turnarán para darse la vuelta, jugar a morderse y perseguirse, y compartirán los juguetes. Hay mucha confianza en el juego entre perros, y esa confianza puede romperse si ambos cachorros no se comunican con claridad.

- Los cachorros que entienden las reglas del juego se «autogestionarán», como si modificaran su fuerza para no abrumar a su compañero de juego, inhibiendo su comportamiento y manteniendo al «oponente» en el juego. El objetivo es mantener la interacción en lugar de detener el juego. Cuando Sadie juega con Jasmine, Sadie se tumba de lado y da zarpazos a Jasmine con la boca abierta mientras Jasmine brinca de un lado a otro, lanzando ataques simulados a la cara y el pecho de Sadie. Sadie es mucho más grande que Jasmine, pero Sadie lo sabe y coloca su cuerpo en una posición en la que puede seguir jugando pero sin lastimar a Jasmine con su gran tamaño y fuerza.
- A veces el juego se descontrola, sobre todo cuando los cachorros y los perros son jóvenes y no entienden las reglas o no tienen suficiente experiencia de juego. Un cachorro sano se «disculpará» por haber herido accidentalmente a su compañero de juego y el juego continuará si el otro perro «perdona» al cachorro por haber sido demasiado brusco. Desgraciadamente, los jugadores que no tienen confianza social pueden acabar en una pelea si se malinterpreta el lenguaje del juego.
- A nadie le gusta jugar con un matón ni le gusta que le engañen para jugar, solo para volver a hacerse daño o agobiarse por el juego brusco. Los niños que juegan de forma brusca se encuentran rápidamente solos en el patio del recreo, y lo mismo ocurre con los perros.

Juego entre humanos y perros

El juego entre humanos y perros sigue las mismas reglas sociales. A la gente le encanta jugar bruscamente con sus cachorros, y esto está bien siempre y cuando tu cachorro no se sienta abrumado o se excite tanto que le muerda las manos y la ropa. Si no establece límites para el juego brusco, su cachorro esperará jugar bruscamente con todo el mundo y esto puede suponer un problema cuando interactúe con un niño o una persona mayor. Incluso un suave contacto de la boca con la piel puede ser demasiado para una persona más vulnerable, por lo que es mejor empezar por el principio y encontrar otras formas de jugar con tu cachorro que no refuercen el morreo. Dirigir el juego hacia los juguetes puede ayudar a resolver el problema (véase «Habilidades para morder y mordisquear»).

El tira y afloja es un juego estupendo para reconducir el comportamiento de los cachorros. Algunas personas creen que jugar regularmente al tira y afloja con sus cachorros o perros hará que estos se vuelvan dominantes y agresivos, pero esto no suele ocurrir. Un estudio demostró que tanto el juego de tira y afloja como el de buscar y traer puntuaban más alto en la escala de «interactividad de confianza» de los investigadores, lo que significaba que los perros eran más juguetones, se acercaban rápidamente a sus dueños cuando les llamaban y los lamían con frecuencia. Ganar o perder los juegos no influyó en la puntuación de los perros.[12]

El estudio también sugiere que los perros ven el tira y afloja como un juego cooperativo más que competitivo, en el que perro y humano colaboran para tirar de un juguete o destruirlo. Curiosamente, el primer estudio también descubrió que los perros que jugaban más al tira y afloja con sus dueños experimentaban menos conductas ansiosas relacionadas con la separación.[13]

Habilidades sociales

La socialización positiva enseña importantes habilidades sociales, pero abrumar a un cachorro con demasiadas experiencias sociales demasiado rápido puede tener el efecto contrario y crear un perro que odie que le toquen y tema la interacción. Sea siempre sensible a las limitaciones de su cachorro, porque la sensibilidad puede marcar la diferencia entre un perro adaptable que se desenvuelve bien en todas las situaciones y otro al que le cuesta funcionar en sociedad.

Los perros son animales sociales, pero esto a su vez conlleva sus presiones porque los humanos suelen tener grandes expectativas puestas en ellos. Queremos que nuestros cachorros tengan buenos modales y sean amables con todo el mundo, pero la gente no suele entender lo amenazador e incómodo que resulta para algunos cachorros que invadan su espacio y que un extraño les toque. Los cachorros son muy adaptables y la mayoría afronta bien la novedad, pero algunos son menos resistentes, así que sea su defensor y sea sensible a su experiencia. Queremos que nuestros cachorros y perros adultos sean adaptables, seguros de sí mismos y emocionalmente estables en todo momento, pero cuando reaccionan negativamente a lo que la persona considera una interacción humana amistosa, a menudo se les castiga por mostrar un comportamiento antisocial.

Los cachorros no nacen animales sociables, por lo que tienen que aprender a través de experiencias positivas tempranas a establecer vínculos con los demás. Por eso es tan importante socializar bien a su cachorro permitiéndole tener experiencias con distintos tipos de personas y otros perros sin abrumarlo. Si abrumas a tu cachorro con muchas cosas a la vez, podría desarrollar aversión a que le toquen las personas y otros perros. Cuando la gente le conozca por primera vez, debe ser una experiencia positiva para él y las presentaciones a otros perros deben hacerse con calma.

Socializar con la gente

Es muy importante que un cachorro experimente el contacto humano desde su nacimiento para fomentar el apego humano-canino y favorecer la capacidad del cachorro para desarrollar vínculos sociales con las personas a medida que crece. Cuando un cachorro se traslada a un nuevo hogar, el cuidador humano debe hacer todo lo posible para aprovechar estas experiencias y exponer gradualmente al cachorro a nuevas situaciones, personas, animales y entornos. La interacción humana también debe fomentarse y supervisarse activamente en este momento para que el cachorro tenga experiencias positivas con todo tipo de personas.

Socialización con perros y animales

Para optimizar las habilidades sociales de un cachorro, deben ocurrir cosas buenas cuando su cachorro se encuentra con otros perros por primera vez. Los grupos de juego y las clases para cachorros son una forma estupenda de enseñar a los cachorros importantes habilidades y señales sociales, siempre que el grupo sea pequeño y los cachorros tengan el mismo tamaño y temperamento y no se sientan abrumados por el matón de la clase. Algunos grupos de juego y clases no aceptan cachorros hasta que no han sido vacunados, mientras que otros empiezan a las ocho semanas de edad, el periodo ideal para la socialización. Otra opción antes de las vacunas es encontrar a un amigo con el que pueda jugar o llevarlo de excursión para que conozca un entorno exterior en sus brazos hasta que sea seguro que pueda pasear en público. Todas las interacciones entre cachorros que juegan deben vigilarse para evitar experiencias negativas, y todas las presentaciones a otros cachorros y perros adultos deben hacerse con calma para que no resulten abrumadoras.

Construir una base social sólida es el mejor regalo que puede hacerle a su cachorro y garantiza que esté preparado para afrontar cualquier reto que se le presente, con confianza y ganas de investigar y descubrir, en lugar de huir y esconderse. Cuantas más lecciones positivas se aprendan al principio de la vida de un cachorro, más resistente y adaptable será. Es probable que los cachorros experimenten cambios emocionales a medida que crecen, por lo que proporcionarles una buena base de aprendizaje les facilita enfrentarse a cualquier desafío que puedan encontrar. Invertir tiempo al principio de la vida de un cachorro le permite convertirse en un adulto seguro de sí mismo y bien adaptado. Aunque la mayoría de los perros se desenvuelven bien en el mundo de los humanos, pocas personas se dan cuenta de lo resistentes que tienen que ser sus mascotas para ajustarse a las normas que les impone la vida doméstica. Lamentablemente, el incumplimiento de estas normas hace que muchos perros adolescentes y adultos acaben en refugios.

Parques para perros

Si tienes un cachorro o un perro tímido o miedoso, el ambiente bullicioso de un parque canino puede resultarle demasiado abrumador. Muchos dueños de perros tímidos suelen creer que llevarlos a una zona bulliciosa y acogedora les ayudará a «socializar», pero a menudo ocurre lo contrario y el perro se vuelve más miedoso. Si tu cachorro o perro no se desenvuelve bien en situaciones sociales, salir a jugar con uno o dos cachorros o perros puede ser una experiencia mucho menos estresante que un parque canino concurrido.

Debes tener precaución, porque incluso los mejores parques caninos pueden ser lugares de fácil contagio de enfermedades, así que no lleves a tu cachorro a un parque hasta que haya recibido todas sus vacunas. Una vez que esté protegido, no lo lleves al parque con todos los perros grandes. A menos que sea un cachorro gregario de raza grande y pueda valerse por sí mismo, es probable que los perros adultos se metan con él y le acosen, así que empieza en un parque solo para perros pequeños. En cualquier caso, debes vigilarle para asegurarte de que los más pequeños no se aprovechan de su corta edad y de su inexperiencia social.

Si tienes un cachorro al que le encanta el contacto con otros perros y está listo para entrar en la escena social canina, aquí tiene algunos consejos que os ayudarán a ti y a su cachorro a tener la experiencia más segura posible:

- Mantén a tu cachorro alejado de las puertas de entrada y salida, ya que pueden producirse forcejeos cuando los perros sobreexcitados se abalanzan sobre los recién llegados.
- Llévalo con la correa hasta que llegues a la zona sin correa, pero prepárate para soltarlo lo antes posible para que pueda saludar a los demás libremente.
- Puede que a tu cachorro le encante jugar con juguetes, pero evita utilizarlos en espacios cerrados, sobre todo en parques para perros. A menudo se producen peleas cuando un perro se vuelve protector con un objeto preciado.
- Evita llevar comida a estas zonas, ya que pueden producirse peleas entre perros que desean ser los primeros

en acceder a un sabroso bocado. También evitará que repartas golosinas a otros perros, algo que los dueños agradecerán.

- Aunque los parques caninos son lugares estupendos para socializar con otros dueños de mascotas, procura que las conversaciones no te resten atención. Los desacuerdos entre perros pueden surgir rápidamente, y no hay nada peor que un cuidador que no supervise activamente o intervenga si su perro se comporta mal o juega de forma brusca.
- Los parques para perros no son un lugar seguro para que jueguen los niños, así que déjalos en casa o fuera del parque con la supervisión de un adulto.
- Si hace mucho calor, acorta las visitas al parque o, en su lugar, practica juegos y actividades de interior. Esto es especialmente cierto si tiene una raza braquicéfala (de nariz corta), como un carlino o un bulldog, ya que tienen un tracto respiratorio superior corto y no están bien adaptados para hacer ejercicio en el calor. Controla la ingesta de agua de tu cachorro mientras esté en el parque.

Debes ser el defensor de tu cachorro; si muestra un comportamiento agresivo o parece temeroso, incómodo o agitado, vuelva a casa antes de que la situación empeore y busca entornos alternativos para que haga ejercicio o actividades diferentes.

Habilidades para caminar

Sacar a pasear a los perros es uno de los placeres de la vida. Mis perros se emocionan mucho cuando les saco la correa, porque les espera todo un mundo de olores y descubrimientos; pero algunos perros con patios vallados apenas salen de casa, y esta falta de novedad puede acarrearles todo tipo de problemas. Imagine lo monótona que sería su vida si nunca saliera de casa. No es de extrañar que nuestros barrios estén llenos de perros ladradores.

Los paseos mejoran la salud mental y física del perro y son una actividad que crea vínculos afectivos entre cachorros y personas. Variar los tipos de paseo con su cachorro enriquecerá aún más su experiencia y evitará futuros problemas de comportamiento. Enseñar a su cachorro varias señales para estos paseos añadirá previsibilidad y le dará confianza para explorar.

Cuando mis perros salen a la calle por primera vez, se ponen manos a la obra. Hacen sus necesidades rápidamente, lo que les da tiempo para ponerse al día de todas las noticias que dejan otros perros, animales o personas del vecindario. Ojalá pudiera ver las bocanadas de aire que huelen mis perros, un rico tapiz de olores que guía sus narices y cuerpos por senderos a veces erráticos hasta la fuente. Esta es la parte "olfativa" del paseo, en la que mis perros exploran e investigan el mundo que les rodea. Una vez terminada esta parte del paseo, es hora de que yo dirija el paseo, lo que probablemente suponga más movimiento hacia delante de lo que les gustaría a mis perros, que se dejan llevar por el olfato, pero es hora de hacer más ejercicio físico. Así es como "comparto" los paseos con mis perros, y compartir nos beneficia a todos.

Sabemos que el ejercicio ayuda a liberar endorfinas y opioides en el cerebro, lo que favorece una sensación general de bienestar. Nos beneficiamos de pasear tanto como nuestros perros porque nuestros sentidos también se estimulan al captar la nueva información que nos rodea.

Habilidades con la correa

Como los perros están tan ansiosos por explorar el mundo que hay fuera de las ventanas de su salón y pasear es la parte más estimulante de su día, es posible que se olviden de que están atados a tú. Su deseo de investigar se ve obstaculizado por un molesto trozo de cuerda que les retiene y frena la promesa del descubrimiento. Los perros no tiran de la correa porque quieran ser el líder de la manada; tiran porque están entusiasmados por llegar a donde quieren ir. El deseo de avanzar y descubrir el mundo que les rodea es muy fuerte y una correa impide ese descubrimiento.

Las personas no son el compañero de paseo ideal para la mayoría de los perros, ya que su ritmo natural y cómodo es mucho más rápido que el de los humanos. Tener que caminar tranquilamente al lado de una persona cuando lo único que un perro realmente quiere hacer es salir corriendo e investigar el entorno requiere mucho autocontrol. Puede experimentar lo que es impedirle andar cuando camina junto a un niño pequeño o al lado de una persona mayor. Si tienes cosas que hacer y sitios a los que ir, puede que tú también acabes frustrándote un poco.

En lugar de pensar en lo molesto que es para ti que su cachorro tire de la correa, piense en lo frustrante que debe ser para él perder la capacidad de actuar con naturalidad por estar «atado» a ti. Dicho esto, es necesario enseñar a todos los cachorros y perros adultos a caminar con correa sin dolor ni molestias para que el paseo sea seguro y agradable para todos. Esto empieza por enseñar a tu cachorro a caminar bien con la correa.

Tirar de la correa suele ser un éxito para los cachorros porque las personas refuerzan inadvertidamente el comportamiento al permitir que sus cachorros lleguen a donde quieren ir cuando tiran. Pero puedes cambiar esta situación modificando las consecuencias para tu cachorro. Asegúrate de que tu cachorro lleva un arnés bien ajustado que no le impida moverse y que no pueda soltarse. Cuando tu cachorro tire, detente inmediatamente y quédate completamente quieto hasta que la correa se relaje, ya sea porque tu cachorro da un paso atrás o se da la vuelta para centrarte. Cuando la correa esté relajada, continúa con el paseo y repite esta operación cuando sea necesario.

Si esta técnica te parece demasiado lenta, puedes probar a girarte en otra dirección. Cuando tu cachorro tire, dile «vamos» mientras te alejas de él y caminas en la otra dirección. Al girar, anímale a girar contigo para que no tires de él con la correa. Motívalo con tu cuerpo y un tono de voz divertido y excitado, y te seguirá. Cuando te siga, elógiale mucho y, cuando la correa esté relajada, da media vuelta y continúa tu camino.

No olvides marcar el comportamiento deseado con la correa. Cuando tu cachorro se coloque en la posición que deseas, por ejemplo, a la izquierda de tu cuerpo, marca esa posición con un «sí» y elógialo o dale un premio. No es necesario que esté en una posición de talón perfecta, siempre y cuando camine tranquilamente a tu lado o incluso un poco por delante de ti con la correa suelta.

Una vez que tu cachorro te preste atención, puedes volverse imprevisible. Esto significa que tu cachorro tiene que escucharte en todo momento porque nunca sabe cuándo te vas a girar o adónde vas a ir después. En lugar de alejarte de él, puedes girarte hacia él, asegurándote de no pisarle. No olvides elogiarle por hacerlo bien, porque cuanto mejor le hagas sentir caminando cerca de ti, más elegirá hacerlo.

CÓMO FORTALECER A TU CACHORRO

La capacidad de elección es esencial para el éxito del aprendizaje, y todo organismo necesita tener cierto nivel de control sobre su entorno. La elección permite al alumno sentirse seguro y al profesor ganarse su confianza. La falta de elección puede conducir a la indefensión aprendida, mientras que un exceso de elección puede hacer que los cachorros y los perros adultos sean menos receptivos a la guía humana.

Un control y una orientación excesivos por parte del ser humano pueden conducir a un aprendizaje dependiente y aumentar la probabilidad de que aparezcan problemas de miedo. Permitir que los cachorros y los perros exploren, descubran y tomen decisiones —junto con la orientación humana cuando sea necesario— fomenta un buen equilibrio de aprendizaje independiente y dependiente que aumenta la confianza.

El poder de elegir

Me encanta ir en bici con mi hija. Encontramos diferentes carriles bici por los que pedalear sin preocuparnos de los coches que pasan, pero lo que hace que montar en bici con ella sea aún más agradable es que ha luchado mucho para superar un miedo muy arraigado. Puede que pienses que montar en bici no es gran cosa (millones de niños lo hacen), pero a mi hija le daba miedo. Se había caído de la bici un par de veces cuando era más pequeña, pero siempre se había vuelto a subir con mucho ánimo positivo por nuestra parte. Siguió pedaleando por pistas fáciles aunque tenía lágrimas en los ojos y odiaba cada minuto, tan ansiosa estaba por demostrarnos que podía vencer su miedo. Seguimos adelante, animándola y recompensando sus éxitos. Después de cada paseo, exclamaba con gran alivio que sentía que estaba mejorando, pero estaba claro que no se lo estaba pasando bien. Entonces, como regalo de graduación, le compramos una bicicleta nueva, mucho más grande que la anterior, pero que le quedaba mejor. Fue el peor regalo que podríamos haberle hecho.

La primera vez que montó en su nueva bicicleta estaba visiblemente disgustada. Pensamos que acabaría acostumbrándose y que solo necesitaba tiempo para aclimatarse, pero pronto nos dimos cuenta de que la transición era demasiado dura y de que la experiencia era desagradable.

Me encanta montar en bicicleta y solía ir y volver del colegio con cualquier tiempo y subiendo dos cuestas muy empinadas. Para mí, montar en bici era tan natural como caminar, y no entendía por qué mi hija no disfrutaba de algo que a mí me parecía tan libre. Sin embargo, no fue hasta que compramos la nueva bicicleta cuando me di cuenta de por qué le costaba tanto hacer la transición.

Cuando Alex montaba en bicicleta, se sentía completamente fuera de control. Tenía miedo de caerse o chocar contra algo. Aunque la empujábamos con suavidad, seguía siendo demasiado para una niña que no solo se sentía incómoda, sino que además no participaba en las decisiones que tomábamos sobre la bicicleta, como por ejemplo dónde ir y hasta dónde. No puedo explicar por qué tardé tanto en entenderlo, pero cuando lo hice, Alex dio un giro completo. Fue una solución tan sencilla y acertada. Le di a Alex un poco de control y le permití tomar todas las decisiones: dónde ir, a qué velocidad y cuánto tiempo. La animé a tomar las riendas y a dirigirse a donde se sintiera cómoda. Funcionó a las mil maravillas. La primera vez que le dejé marcar el ritmo y la ruta, pedaleamos felices durante más de una hora.

Cuando empecé a adiestrar perros, les enseñé todo lo que sabía. Empecé enseñándoles todo lo que podía, como sentarse, quedarse quieto, venir cuando se les llama, tocarme, mirarme y echarse. Una vez que dominaron estas técnicas, les enseñé más habilidades útiles. Proporcioné a sus dueños toda la información que pude y les hice alucinar con datos fascinantes sobre sus perros. Les animé a dar muchos paseos, a participar en deportes caninos y a unirse a clubes donde sus perros pudieran socializar. Y si alguno de los perros a los que enseñaba era reactivo o nervioso, me aseguraba de que sus dueños tuvieran mucho control mientras trabajaba en técnicas de desensibilización y contracondicionamiento.

Tuve mucho éxito y me alegré de lo bien que me iba. Había tardado un tiempo en perfeccionar mis habilidades, pero era una buena adiestradora y mis clientes estaban cosechando los frutos. Todo iba sobre ruedas hasta que me encontré con algunos verdaderos retos: perros que tenían tanto miedo a salir que ni siquiera podían sacar una pata por la puerta. Utilicé todas las técnicas que conocía, pero algunos de los perros verdaderamente temerosos se cerraban aún más y yo no entendía por qué. Yo estaba siendo suave y amable, paciente y respetuosa, así que ¿por qué estos perros no lo estaban haciendo mejor? Estaban en buena forma física y habían recibido un certificado de buena salud, así que sabía que no estaban sufriendo o padeciendo algo que no podía explicar.

Un día me quedé quieta sin hacer nada. Recordé lo que había enseñado a mis alumnos cuando saludaban por primera vez a los perros de los refugios: simplemente ser, apartar la comida y estar con ellos. Siéntate en silencio, juega o simplemente deja que descubran su entorno sin interferencias. A continuación, vaya poco a poco y enséñeles gradualmente, de forma orgánica y sin presiones. No les agobies y sé siempre consciente de lo que intentan decirte.

¿Por qué no lo hacía con mis temerosos clientes caninos? ¿Por qué dirigía todo en sus vidas y no les dejaba tiempo o espacio para resolver las cosas por sí mismos y simplemente ser? Al igual que Alex, en cuanto les di a estos perros cierta autonomía para tomar decisiones, cambiaron de la noche a la mañana. En lugar de hacer que un perro reactivo se sentara y se quedara quieto mientras pasaba otro perro, por ejemplo, jugaba con ellos a un juego, o simplemente les dejaba elegir qué querían hacer en presencia del otro perro y adónde querían ir. Les dejaba tomar las decisiones que necesitaban para enfrentarse a las distintas situaciones; elogiaba sus buenas elecciones y les retiraba suavemente si se agobiaban demasiado.

Elección y autonomía

Piensa en todas las decisiones que has tomado hoy. ¿A qué hora te has levantado, qué ropa te has puesto y qué has comido? ¿Has ido a trabajar o te has quedado en casa leyendo este libro? Ahora piensa en el día de tu cachorro y en cuántas decisiones ha tomado. ¿Ha elegido qué comer, dónde dormir y dónde pasear?

Un adulto humano toma aproximadamente treinta y cinco mil decisiones al día, mientras que un niño toma unas tres mil.[1] Cuantas más elecciones podamos hacer por nosotros mismos, más seguros estaremos porque tenemos el poder de tomar nuestras propias decisiones.

Las investigaciones demuestran que los niños seguros de sí mismos tienen más autocontrol y más probabilidades de ser sanos en la edad adulta. Por supuesto, no se puede dar a un niño una autonomía total para tomar decisiones, pero sí la sensación de tenerla. El psicólogo Nicholas Jenner afirma: «Es importante señalar que estamos hablando de dar a nuestros hijos una "sensación" de autonomía, no la autonomía en sí... Es esencial que los padres den a sus hijos la oportunidad de buscar este "sentido" y potenciarlo frente a sentimientos de vergüenza y duda. Entonces, y solo entonces, los niños tendrán la confianza necesaria para perseguir y dar forma a sus propias ideas y planes».[2]

No estoy sugiriendo que le des a tu cachorro autonomía total, pero darles más opciones desde pequeños les permite convertirse en adultos más seguros de sí mismos. ¿Por qué?

Porque sentirse indefenso y sin control sobre su destino provoca inseguridad y ansiedad. Tener un sentido de la autonomía es fortalecedor.

Teoría de la elección

La teoría de la elección afirma que estamos motivados por una búsqueda interminable para satisfacer las siguientes cinco necesidades básicas que están entretejidas en nuestros genes. Estas necesidades son: amar y pertenecer, ser poderoso, ser libre, divertirse y sobrevivir.[3]

Aunque estemos influidos por recompensas y castigos, la teoría de la elección sugiere que siempre tenemos cierta capacidad para elegir y ejercer el control en nuestras vidas. Enseña que siempre estamos motivados por lo que queremos en ese momento y subraya la importancia de construir y mantener relaciones positivas con los demás para crear una visión compartida. Las personas que están motivadas para perseguir objetivos comunes tienen más probabilidades de trabajar en colaboración.

¿Cómo se relaciona la teoría de la elección con nuestros perros?

Gran parte del adiestramiento canino se basa en el modelo recompensa-castigo. Reforzamos positivamente el comportamiento que nos gusta dando a los perros algo que realmente quieren: comida, juguetes, elogios o juego. Pero ¿dependemos demasiado de ese modelo y deberíamos pensar en otras formas de motivar a nuestros perros?

Resolver problemas

Los estudiantes de la Universidad de Princeton se dividieron en dos grupos y se les planteó un problema. Al primer grupo se le dijo que iban a ser cronometrados para ver lo rápido que podían resolver el problema. Los resultados se registrarían. Al segundo grupo se le ofrecieron incentivos económicos. Si quedaban entre el 25% más rápido, recibirían cinco dólares, y si eran los más rápidos, veinte dólares.

Los resultados fueron interesantes. El Grupo 2 tardó tres minutos y medio más que el Grupo 1 en completar la tarea. Esto fue sorprendente porque generalmente se acepta que, para conseguir que la gente rinda más, hay que recompensarla, porque las recompensas agudizan el pensamiento y aceleran la creatividad.[4]

Pero numerosos estudios han demostrado que las recompensas e incentivos en forma de primas hacen exactamente lo contrario. ¿Por qué? Porque las recompensas pueden embotar el pensamiento y bloquear la creatividad. Los motivadores externos y contingentes funcionan en algunas circunstancias, pero a menudo hacen daño. Esta es una de las conclusiones más sólidas e ignoradas de las ciencias sociales.

Daniel Pink, autor de numerosos libros sobre trabajo, gestión y ciencias del comportamiento, explica estas conclusiones: «Hay un desajuste entre lo que sabe la ciencia y lo que hacen las empresas. Las empresas se basan exclusivamente en motivadores extrínsecos, en zanahorias y palos. Estos incentivos funcionan muy bien para un conjunto de tareas mecánicas en las que hay una imagen clara y un destino claro al que llegar. Pero las recompensas, por su propia naturaleza, pueden reducir nuestra atención y concentrar la mente».[5]

Entonces, ¿estamos limitando la capacidad de resolución de problemas y la creatividad de nuestros perros al centrarnos demasiado en enseñarles con recompensas (y en algunos tipos de adiestramiento, con castigos)? No conviene tener un enfoque demasiado limitado si pretendemos que sea un buen solucionador de problemas, porque esto puede restringir su capacidad de resolución de problemas.

Cuando enseñas a tu cachorro, una respuesta que es completamente obvia para ti no siempre lo es para él. De ti depende que sea lo más clara posible, entendiendo cómo aprende tu cachorro y preparándolo para el éxito. Las recompensas o los incentivos pueden ser buenos para enseñar a su cachorro habilidades mecánicas, pero pueden obstaculizar el éxito cuando se trata de comportamientos más complejos, como ansiedades, miedos y fobias. Los problemas de comportamiento se solucionan mejor cuando los educadores amplían su visión y piensan con originalidad. Podemos hacer más hincapié en animar a nuestros cachorros a resolver problemas. Podemos darles más opciones en su vida cotidiana y en las sesiones de enseñanza para que vean un panorama más amplio sin verse obstaculizados por una intervención humana excesiva. A veces no es necesario interferir, sino que se puede dar al cachorro la libertad de «ser como es».

Autonomía, dominio y propósito

Pink afirma que demasiadas organizaciones están tomando decisiones basadas en suposiciones anticuadas y no examinadas que no están arraigadas en la ciencia. La solución no es hacer más cosas mal (como atraer a los empleados con una zanahoria más dulce o pincharles con un palo más afilado), sino contar con nuevos sistemas de funcionamiento. Las claves de la motivación intrínseca —o el deseo de hacer algo porque es importante— son la autonomía, el dominio y el propósito.[6]

Estas claves son los bloques de construcción de un nuevo sistema en los negocios y una nueva forma de ver cómo podemos motivarnos a nosotros mismos y a nuestros perros. La autonomía es el impulso de dirigir nuestras propias vidas, el dominio es el deseo de mejorar cada vez más en algo que importa, y el propósito es el anhelo de hacer lo que hacemos al servicio de algo más grande que nosotros mismos. Las nociones tradicionales de gestión son estupendas si lo que se busca es conformidad, pero si lo que se busca es compromiso, la autodirección funciona mejor. La mitad de los productos de más éxito de Google se crean durante el «tiempo del 20%», cuando se dice a los empleados que pueden dedicar el 20% de su tiempo a trabajar en lo que quieran. La libertad para crear puede tener resultados increíblemente exitosos y lucrativos.

Autonomía para cachorros

¿Cómo podemos aplicar estos elementos básicos a la enseñanza de nuestros cachorros y perros? El refuerzo positivo y las recompensas funcionan en muchas circunstancias porque el refuerzo motiva a los perros a aprender, pero demasiadas recompensas y demasiada intervención humana a veces pueden interferir en el aprendizaje y destruir la creatividad de un cachorro o un perro. Cuando un perro está intrínsecamente motivado, tiende a resolver mejor los problemas. Los perros creativos suelen ser más seguros de sí mismos, más resistentes y más equilibrados emocionalmente. Si se controlan todos los aspectos de la vida del perro, éste puede perder la capacidad de pensar y, por tanto, de resolver problemas.

Piensa en lo que motiva intrínsecamente a tu cachorro: ¿qué es lo que realmente le importa? Mi Sadie está intrínsecamente motivada por su olfato y le encanta olisquear el vecindario. Es su pasatiempo favorito y lo elegiría cualquier día antes que la comida. Jasmine está motivada por perseguir ardillas y perseguiría a todas las ardillas que viera si se lo permitiera.

Cómo dar opciones a su cachorro

Hazte las siguientes preguntas:

- ¿Monitorizas a su cachorro?
- ¿Crees que obstaculizas el aprendizaje de tu cachorro haciendo demasiado por él?
- ¿Podrías enseñar a tu cachorro con más éxito centrándote en sus motivadores intrínsecos en lugar de extrínsecos?
- ¿Le das a tu cachorro suficientes opciones en su vida?
- ¿Dejas que tu cachorro resuelva los problemas?
- ¿Le das autonomía?

Tu cachorro cometerá muchos errores a medida que crezca, porque los errores forman parte del aprendizaje, pero no te centres en ellos. Prepara a tu cachorro para el éxito reorientándolo hacia otra cosa y enseñándole comportamientos de sustitución. Dale más opciones en su vida diaria y descubra qué le motiva intrínsecamente.

Puedes dar opciones a tu cachorro en el adiestramiento haciendo lo siguiente:

- Deja que tu cachorro dirija el ritmo de un paseo o que te lleve adonde él quiera, siempre que sea seguro.
- Permite que elija el juego al que quiere jugar dejándole elegir con qué juguete quiere jugar. Puedes hacerlo sosteniendo un juguete diferente en cada mano para ver cuál le interesa más.
- Deja que tu cachorro termine la sesión de adiestramiento contigo si así lo deseas. Si se aleja mientras le estás enseñando, es posible que necesite un breve descanso o que quiera dejarlo por completo.
- Enséñale a pulsar un botón en el suelo o a tocar un timbre colgado en la puerta para indicarle que necesita salir a hacer sus necesidades.
- Deja que tu cachorro elija dónde quiere dormir y qué comida prefiere.

Incluso si haces solo una de estas cosas, puedes reforzar a tu cachorro dándole cierto control sobre su destino, lo que aumentará enormemente su confianza.

Elección y estrés

Dar a tu cachorro más opciones también ayuda a aliviar el estrés. El estrés es algo innato en todos los seres vivos y no podemos vivir sin él. Existe el estrés positivo (eustrés) y el estrés negativo (distrés). Desarrollamos la resiliencia en nuestros cachorros para que puedan hacer frente al estrés cotidiano y sean más capaces de afrontar los acontecimientos más estresantes que se les presenten. Pero un exceso de estrés puede provocar ansiedad, desconexión y angustia. El estrés crónico puede afectar realmente a la calidad de vida de un cachorro y provocar enfermedades.

El adiestramiento en positivo hace que el aprendizaje sea más divertido, pero dependiendo de dónde y qué enseñes, puedes causar estrés a tu cachorro si haces o esperas demasiado. Si se desconcentra durante el adiestramiento, es posible que debas analizar el lugar donde le estás enseñando. ¿Hay demasiadas distracciones en el entorno para que pueda concentrarse? ¿El perro que está al otro lado de la habitación le mira fijamente y le hace sentirse incómodo? ¿El suelo es demasiado resbaladizo o el arnés está demasiado apretado? ¿Tu cachorro no se encuentra bien y no puede decírtelo?

No te precipites si tu cachorro se niega a hacer algo. Fíjate en su entorno y observa su lenguaje corporal para entender mejor lo que está intentando decirte.

Solución de problemas para tu cachorro

Si su comportamiento te preocupa, debes averiguar por qué y pedir ayuda a un adiestrador canino certificado en positivo. Este le dará ideas sobre cómo gestionar el entorno de tu cachorro para que se sienta más seguro y no ensayes comportamientos negativos. Un buen adiestrador te ayudará a descubrir los motivadores intrínsecos y extrínsecos de tu cachorro y te dará más opciones en tu vida diaria.

Si preparas a tu cachorro para el éxito, podrás centrarte en reforzar sus éxitos en lugar de corregir sus errores. Puedes fomentar el aprendizaje ofreciéndole incentivos cuando le enseñes habilidades mecánicas y centrándote en sus motivadores intrínsecos para ayudarle a resolver problemas. Por ejemplo, si tu cachorro se deja llevar por el olfato y le encanta olfatear, puedes colocar una serie de cajas y esconder una golosina o un juguete en una de ellas. A continuación, deja que tu cachorro busque la golosina o el juguete. Una vez que haya encontrado la caja correcta, puedes repetir el reto, escondiendo la golosina en una caja diferente, y pedirle que vuelva a buscar. Puedes emparejar la comida o el juguete con un olor determinado para que empiece a asociar el olor con cosas con las que le gusta jugar o comer. Una vez que sea capaz de encontrar la comida o el juguete con el olor, puedes quitárselos y recompensarle con cualquiera de ellos cuando le avises de que ha encontrado el olor que le pediste que encontrara. Este es el comienzo del trabajo con olores y motiva intrínsecamente a los perros que se dejan llevar por el olfato, además de recompensarles por su trabajo. Dar a tu cachorro más opciones para explorar entornos con su olfato le permite tener éxito haciendo algo que le gusta, lo que le proporciona una mayor sensación de autonomía, confianza y seguridad (encontrarás más retos para la resolución de problemas en «Adiestramiento centrado en la elección», en la página 176).

La inteligencia y las cinco dimensiones cognitivas

La cognición es la forma en que la mente de tu perro procesa el mundo que le rodea. Conocer el estilo cognitivo de tu perro puede ayudarte a comprender cómo percibe el mundo y cuáles son sus capacidades. La ciencia cognitiva es el estudio de la mente y la inteligencia, y abarca la filosofía, la psicología, la inteligencia artificial, la neurociencia, la lingüística y la antropología.

Inteligencia canina

La inteligencia de un animal se mide en función de las habilidades que necesita para sobrevivir. Por ejemplo, un perro necesita habilidades de supervivencia muy diferentes a las de un cerdo para desenvolverse con éxito en el mundo, al igual que un cuervo necesita un tipo de inteligencia diferente al de un mono. Ninguna especie es más inteligente que la otra; su inteligencia se basa en el éxito de su adaptación al entorno que les rodea.[7]

Los perros tienen una destreza y una flexibilidad extraordinarias, así como unos sentidos que en muchos aspectos son inconmensurablemente superiores a los nuestros. La ciencia cognitiva ha comparado la cognición de los perros con las capacidades cognitivas de los niños de dos años, lo que significa que su perro puede pensar, resolver problemas, entender gestos sencillos y hacer inferencias de forma similar a la de un niño muy pequeño.

Tu cachorro puede hacer inferencias desde una edad muy temprana, aunque no todos los cachorros son capaces de hacer las mismas inferencias y no todos aprenden las mismas cosas y de la misma manera. Los cachorros entienden los gestos humanos y pueden aprender lo que significan las palabras humanas, así como utilizar el lenguaje físico y vocal para comunicarse. Pueden resolver problemas, copiar las acciones de otros y pedir ayuda a los humanos cuando la necesitan. Dado que la mayoría de los estudios científicos sobre cognición han utilizado perros adultos y no cachorros, me centro en las capacidades cognitivas de los perros adultos, pero los cachorros adquieren rápidamente una inteligencia cognitiva que los diferencia de cualquier otra especie doméstica.

Las cinco dimensiones cognitivas

La inteligencia canina va más allá del simple aprendizaje y se adentra en lo que llamamos las cinco dimensiones cognitivas:[8]

- La empatía consiste en leer las emociones de los demás y responder a ellas.
- La comunicación consiste en utilizar la información de los demás para conocer el entorno.
- La memoria consiste en almacenar experiencias pasadas para tomar decisiones futuras.
- Razonar es deducir la solución a nuevos problemas.
- La astucia consiste en utilizar información de otros para evitar ser detectado.

Empatía

La empatía es la capacidad de sentir lo que siente otra persona. Sentimos el dolor y la felicidad de los demás, y esto motiva el comportamiento cooperativo. Aunque los perros no entiendan exactamente nuestra experiencia humana, sí muestran un comportamiento de consuelo hacia otros perros y personas. Pueden aprender a discriminar entre nuestras expresiones faciales positivas y negativas y son conscientes de nuestros estados emocionales, aunque no entiendan por lo que estamos pasando.

Los perros también tienen la capacidad de contagiarse de las emociones de los demás. Es una forma de contagio emocional que mencioné en el capítulo [1]. Cuando estás sentado en un tren y la persona de enfrente bosteza, lo más probable es que tú también lo hagas. El bostezo es una forma de contagio emocional, y los estudios han demostrado que los perros a veces captan los bostezos humanos, pero nunca los bostezos de otros perros.[9]

Comunicación

La relación humano-canina se refuerza aún más por la capacidad del perro para leer los gestos comunicativos humanos, así como por su sensibilidad a las emociones humanas. Los perros parecen entender lo que significa que una persona señale algo con el dedo desde una edad temprana, algo que es mucho más difícil (pero no imposible) para otras especies animales. Esto se debe a que los perros mantienen una estrecha relación con nosotros y han evolucionado para leer nuestros gestos sociales y comunicativos, lo cual es importante para su supervivencia. Es una habilidad que se aprende fácilmente.[10]

Cuando una persona lee un rostro humano, sus ojos se desvían hacia la izquierda y se posan en el lado derecho de la cara. Los perros también tienen esta tendencia a mirar a la izquierda cuando se encuentran con caras humanas y podrían haber adquirido esta habilidad porque el lado derecho de una cara humana expresa mejor los estados emocionales que el izquierdo. Estudios realizados en la Universidad de Lincoln han demostrado que los perros tienen esta inclinación de la mirada hacia la izquierda solo cuando miran una cara humana y no cuando miran un objeto o la cara de otro perro.[11] Esta capacidad podría haberse desarrollado como una forma de que los perros se mantuvieran a salvo leyendo las emociones de los humanos.

La lectura de intenciones constituye la base misma de la cultura y la comunicación humanas. A los nueve meses, un bebé empieza a entender lo que significan algunos gestos humanos. Al año, empieza a imitarlos y a utilizarlos para comunicarse con sus padres. Tomemos un gesto sencillo, como señalar con el dedo. Si realmente pensamos en la acción de extender el brazo y señalar algo con el dedo, no significa absolutamente nada, salvo el hecho de que los humanos han atribuido un significado al gesto. Para un perro, que no habla nuestro idioma, seguir la señal con el dedo es una habilidad cognitiva que ha evolucionado con nosotros durante miles de años y que entienden cachorros de tan solo seis semanas.

Las habilidades sociales humanas se desarrollan en torno a los nueve meses. Los bebés empiezan a prestar atención a lo que otros miran, a tocar lo que otros tocan y a comprender gestos sencillos, como señalar. Entonces empiezan a señalar cosas a los demás. A partir de los nueve meses, los bebés empiezan a imitar el comportamiento de los demás, adquieren sus primeras palabras, hacen deducciones sociales y desarrollan habilidades más flexibles para resolver problemas.

Las inferencias sociales requieren una comprensión de la intención comunicativa, lo que fomenta la flexibilidad y la resolución de problemas. Los perros también pueden evaluar a compañeros cooperativos con solo verlos jugar, competir o incluso compartir comida con otros. Pueden detectar qué individuos serán los mejores compañeros de cooperación, y tenderán a elegir a una persona que dé comida o juegue al tira y afloja frente a otra que no lo haga. Cuando un familiar se queja de que su perro presta más atención a otro miembro de la familia, siempre le pregunto cuánto tiempo dedica a jugar, alimentar o interactuar con su perro. Si la respuesta es: «No mucho», ya tienen la respuesta.

Memoria

No hay duda de que los perros recuerdan varios aspectos de su vida cotidiana, como los paseos que dan, las actividades que realizan, los objetos que mastican y las golosinas que esconden. Sin recuerdos a corto y largo plazo, esas actividades se verían enormemente mermadas, e incluso cosas básicas, como reconocer olores y personas familiares o aprender cosas nuevas, serían imposibles.

Memoria olfativa

El olfato está estrechamente ligado a la memoria emocional. Piensa en un olor que te evoque un sentimiento positivo o negativo. El olor de la lluvia cayendo sobre el asfalto caliente me evoca recuerdos de mi infancia. Crecí junto al complejo de tenis de Wimbledon, y el tenis era nuestro deporte, sobre todo durante la quincena del campeonato. Siempre llueve en algún momento durante el torneo de Wimbledon, y si el día ha sido especialmente caluroso y soleado, la lluvia produce un rico olor procedente del suelo calentado. A mí me huele muy bien y me evoca los mejores recuerdos de mi infancia. Sin embargo, cada vez que voy al dentista, el olor de la consulta me recuerda lo aterrorizada que estaba cuando llegaba la hora de la limpieza dental.

Si el olfato evoca recuerdos intensos en las personas, seguro que también los evoca en los perros. Sabemos que su sentido del olfato domina sus vidas, por lo que es lógico que su experiencia emocional del olor sea mucho más intensa de lo que creemos.

Memoria auditiva

La memoria auditiva es especialmente útil cuando se trata de recordar el sonido, el tono y el timbre de una señal vocal humana vinculada a una determinada acción o comportamiento. Una vez que hayas creado una asociación entre una palabra hablada y una acción, debes seguir reforzando la señal auditiva hasta que tu cachorro comprenda completamente la asociación. También puedes comunicar tu intención y estado emocional con el tono y el timbre de tu voz, aunque tu cachorro no entienda las palabras que utilizas.

Memoria de trabajo

Se ha demostrado que la memoria de trabajo o a corto plazo está relacionada con las habilidades de aprendizaje, matemáticas, lectura y lenguaje. Las investigaciones han demostrado que, en los niños, la memoria de trabajo es más predictiva del éxito académico que el cociente intelectual.[12] Los estudios sobre la memoria de trabajo en perros son relativamente nuevos, pero sabemos que los perros que pueden localizar un palo lanzado o recorrer una zona para encontrar un juguete escondido son aprendices más creativos y mejores solucionadores de problemas. Puedes poner a prueba la memoria de trabajo de tu cachorro lanzándole una pelota y animándole a buscarla. Si recuerda la dirección general en la que se lanzó la pelota, estará utilizando su memoria de trabajo para encontrarla.

Memoria episódica

Se cree que los animales poseen los llamados recuerdos episódicos o autobiográficos, un tipo de memoria que nos ayuda a recordar acontecimientos concretos de nuestra historia personal (por ejemplo, el día que compró su primer coche). Toda esta información está vinculada a lugares, momentos y emociones concretos, y se agrupa para poder volver a experimentar todo el episodio. Estos recuerdos se guardan sin saber que hay que recordarlos en el futuro.[13]

Los cachorros y los perros adultos necesitan memorizar los puntos de referencia del entorno para orientarse y construir mapas mentales de su ubicación. Aunque los perros utilizan marcadores visuales para orientarse en su entorno, también se basan en gran medida en el olor. Pero los mapas mentales visuales son importantes para recordar el territorio y los límites territoriales, así como para poder navegar hacia una fuente de alimento o una zona cómoda y segura.

Mis dos perros recuerdan cosas de su entorno, así como experiencias que han tenido mucho tiempo después de que sucedieran. A Jasmine le gusta enterrar huesos y juguetes en el patio trasero. Estos trofeos pueden permanecer intactos durante semanas antes de que ella vuelva a desenterrarlos. Sadie recuerda las rutas de los paseos que hacemos, así como las experiencias que le han ocurrido por el camino. Recuerda dónde la picó una abeja y se vuelve cautelosa cada vez que nos acercamos a la parte de una ruta de senderismo donde la picaron, incluso cuando es invierno y no hay bichos. Sabe dónde está su piscina favorita aunque no hayamos estado en la montaña en meses.

Memoria social

Los perros deben ser capaces de reconocer a otros perros, animales y personas. También es importante que recuerden lo que significan las distintas señales sociales, porque la capacidad de leerlas permite a los perros funcionar bien en un grupo social. Los perros que carecen de estas habilidades suelen meterse en problemas porque no saben leer ni responder adecuadamente a las señales sociales de los demás.

Razonamiento

El aprendizaje por ensayo y error no requiere mucha comprensión, pero el razonamiento exige que su perro comprenda plenamente un problema e imagine una solución diferente. Los perros que aprenden de forma independiente suelen tener habilidades naturales para resolver problemas y no dependen de sus dueños para que les dirijan o les ayuden. Los perros que aprenden de forma dependiente tienden a cooperar mejor en la resolución de problemas y suelen pedir ayuda a otros perros o a otras personas. ¿Qué tipo de cachorro tienes?

Propón a tu cachorro un reto fácil y comprueba si lo resuelve por sí mismo o si confía en tu ayuda. Por ejemplo, puedes colocar su cuenco de comida detrás de una barrera para que pueda verlo y olerlo, pero no pueda llegar hasta él. La única forma de que se coma la comida es que encuentre la forma de sortear la barrera. Comprueba cuánto tarda en resolver el problema. Puedes plantear a tu cachorro cualquier tipo de reto para averiguar qué tipo de aprendiz es. Puede que primero intente resolver el problema por sí mismo y luego te pida ayuda si se atasca (una sana mezcla de aprendizaje independiente y dependiente) o puede que el reto le resulte demasiado difícil y se rinda hasta que le enseñes cómo hacerlo.

Si a tu cachorro le cuesta aprender o tarda en captar sus señales, no pienses que es tonto. Los cachorros y los perros aprenden de forma distinta unos de otros, y es posible que tu cachorro aprenda de una forma distinta a la que se espera normalmente.

El adiestramiento canino moderno ha ayudado sin duda a los perros a adaptarse a la vida con los humanos, pero a veces ha creado perros que piensan de forma menos independiente y dependen más de los humanos para que les dirijan o les ayuden a resolver problemas. Si tu cachorro es muy independiente y no le haces caso, es posible que debas practicar más juegos de vinculación, como el tira y afloja, o realizar más actividades en equipo, como el adiestramiento de agilidad. Si no puede hacer nada sin ti, puede que necesite más rompecabezas o tareas que resolver sin tu ayuda. En cualquier caso, una mezcla de ambos es buena y puede facilitar el aprendizaje.

Astucia

Cuanto más astuto sea tu perro, más probabilidades tendrá de sobrevivir. Esto se debe a que tiene que resolver problemas ambientales que pueden requerir cierto grado de engaño. Muchos perros son muy hábiles para encontrar comida, ya sea a tus espaldas o mientras estás fuera. Los perros grandes son especialmente buenos «rastreadores de encimeras» y encontrando cosas apetitosas por la cocina que llevarse a la boca. Este comportamiento puede resultar molesto, pero hay que admirar la habilidad del perro. El perro astuto tiene una buena capacidad para resolver problemas de forma independiente y suele ser un cazador nato.

El poder del sentido

La experiencia sensorial de tu cachorro influirá en su comportamiento porque cada uno de sus cinco sentidos está estrechamente relacionado con sus emociones. Las emociones tienen un profundo efecto en el comportamiento y pueden influir en la forma en que su cachorro ve y experimenta el mundo a medida que crece.

Me gusta aprovechar los sentidos de los perros para ayudarles a aprender y llamo a este proceso educación sensorial. Puede aplicarse a todos los perros, independientemente de su destreza con un sentido concreto. La educación sensorial también puede ayudar a modificar el comportamiento y prevenir problemas de conducta. Si ayudas a tu cachorro a aceptar y disfrutar de sus caricias, así como de las caricias de otras personas, tendrá una mejor experiencia en la consulta del veterinario o con el peluquero. Si se siente incómodo en una situación o un entorno determinados, puedes cambiar sus sentimientos animándole a utilizar su olfato para encontrar comida que haya escondido en algún sitio o colocado en el suelo.

Para entender cómo puedes utilizar la educación sensorial con tu cachorro, primero debemos adentrarnos en su mundo sensorial. Empezaremos por su órgano sensorial más dominante: la nariz.

Oler

¿Te imaginas vivir en un mundo dominado por los olores? El córtex olfativo de un perro es aproximadamente cuarenta veces mayor que el de un ser humano, a pesar de que su cerebro solo mide una décima parte del nuestro. Los perros tienen hasta mil millones de receptores olfativos en la nariz, lo que hace que nuestros «escasos» seis millones parezcan insignificantes.

El olfateo

Fíjate bien en la nariz de tu cachorro y maravíllate de cómo su hocico parecido al cuero, con orificios nasales anchos y móviles (conocidos como narinas), recoge el olor a su alrededor. Cuando huele algo en el aire o en el suelo, interrumpe su respiración normal para recoger el olor, olfateando para retener más cantidad del olor y poder identificarlo. Su nariz está fría al tacto y las moléculas de olor se adhieren a la mucosidad que cubre el exterior y el interior de su nariz. Estas moléculas se disuelven en esta mucosidad y son empujadas hacia arriba a través de la nariz por unos diminutos pelos llamados cilios. Las fosas nasales desembocan en una estructura ósea en forma de repisa donde queda atrapado el olor. Las células receptoras recogen la información, la envían a los bulbos olfativos y luego al cerebro para su procesamiento. La espiración expulsa el aire por el lateral de las narinas para no alterar los olores que aún permanecen en el suelo.

Estratificación de olores

Tu cachorro entra en una habitación donde has estado cocinando sopa de carne y verduras. Ya la ha olido desde el otro lado de la casa, y el olor solo se hace más fuerte a medida que se acerca a la fuente del olor. Una vez en la cocina, se ve asaltado por una serie de olores diferentes que su nariz humana ha combinado en uno solo, pero que él puede separar en distintos ingredientes. Huele la carne, las cebollas, las zanahorias, las patatas y los guisantes, y esta increíble habilidad se llama estratificación de olores.

Alexandra Horowitz describe la estratificación de olores en su hermoso libro *Inside of a Dog*: Lo que los perros ven, huelen y saben: «No es que los olores sean más fuertes, los olores tienen diferentes capas, lo que probablemente proporciona a los perros una gama mucho mayor de tipos de información. Podemos disfrutar de un cuadro desde el otro lado de la habitación, pero apreciarlo de un modo distinto cuando podemos acercarnos y ver las pinceladas».[14]

El órgano de Jacobson

Los perros tienen un órgano vomeronasal, o de Jacobson, situado sobre el paladar duro de la boca, justo detrás de los incisivos, en la base de la cavidad nasal. La información recibida a través de este órgano va directamente al sistema límbico, que regula el estado de ánimo y dirige las emociones y la memoria.

El órgano de Jacobson detecta feromonas en secreciones localizadas en las zonas anogenitales y otras zonas húmedas del cuerpo del perro, incluida la cara. Estas secreciones proporcionan información sobre la disponibilidad sexual del perro y se procesan en la parte del cerebro asociada al apareamiento y las emociones. Esto explica por qué los perros se acercan con tanto entusiasmo a estas zonas cuando saludan. Las feromonas también incluyen información sobre la edad, la salud y el estado emocional del perro. Su cachorro puede olfatear estas zonas con la nariz y luego castañear los dientes, creando otra abertura para que entre el olor.

Existen algunas diferencias en la forma en que se olfatean los perros machos y las hembras. Los machos tienden a olfatear primero la grupa porque esta zona es más perfumada, mientras que las hembras suelen olfatear primero la cara antes de acercarse a la grupa. Las secreciones de las glándulas situadas alrededor de las orejas, la boca y la nariz transmiten información que puede ser diferente de la que pueden obtener de la parte no picuda.

Las glándulas anales están situadas a ambos lados del ano del cachorro y contienen un líquido de fuerte olor que se libera cada vez que el perro defeca. Esta secreción contiene feromonas que proporcionan al olfateador información vital sobre el cachorro cuyas heces está olfateando. Cuando un cachorro está estresado o tiene miedo, es posible que su trasero desprenda un ligero olor a pescado porque ha excretado sus glándulas anales. A veces, estas glándulas se obstruyen y el veterinario tiene que exprimirlas manualmente: ¡mantén la nariz tapada en la sala de exploración cuando extraiga el líquido!

Cuando cualquiera de mis perros orina o defeca, rascan el suelo con sus patas, liberando nubes de suciedad y polvo en el aire (que a veces me llegan a la cara si me agacho demasiado rápido para recoger la caca). Aunque no pueda ver la suciedad, los perros rascan el suelo y desprenden partículas, lo que hace que su olor penetre más profundamente en la tierra y se eleve al aire. Todos los perros tienen glándulas en las almohadillas y entre los dedos de los pies. Al rascar, dejan su firma olfativa única en el suelo y en el aire para cubrir una zona más amplia. Es la forma que tienen mis perros de decir: «Estuvimos aquí».

Perros que huelen a humanos

Cada persona tiene una firma olfativa única que es común a todas las partes del cuerpo, y la mayor parte de esta firma procede de la sustancia grasa segregada por nuestras glándulas sebáceas. Los humanos tenemos glándulas sudoríparas situadas en zonas como las axilas, los genitales, la nuca y el vientre. Estas glándulas se activan con nuestro estado emocional, lo que facilita que los perros huelan cómo nos sentimos. Es fascinante, aunque un poco desconcertante, que los humanos desprendamos entre treinta y cuarenta mil células de la piel cada minuto, dejando tras de sí un penacho de olor. Los perros pueden sentir estas corrientes de viento cuando las firmas olfativas ondean a su alrededor.

Cuando tenemos miedo de algo, producimos sustancias químicas como la adrenalina, las cortocotrofinas, la ACTH y treinta hormonas diferentes que hacen que el cuerpo realice cambios para prepararnos para la lucha o la huida. Nuestro ritmo cardíaco aumenta, los niveles de azúcar en sangre se elevan y la sangre se desvía a los músculos necesarios para la acción. Las sustancias químicas que producimos proporcionan una identificación olfativa única para los perros, lo que les permite detectar la condición humana a distancia. Las sustancias químicas volátiles se disipan más rápidamente en el aire, pero otras permanecen y proporcionan un rastro que el perro puede seguir. Por eso los perros policía son tan buenos rastreando a personas que huyen. Mientras la persona corre, deja a su paso muchas de estas sustancias químicas relacionadas con el estrés.

Entrenamiento olfativo

Puedes utilizar las habilidades olfativas de tu cachorro para fomentar el aprendizaje mediante juegos olfativos y actividades olfativas que le proporcionen confianza y enriquecimiento. El juego «ve a buscarlo» puede practicarse prácticamente en cualquier sitio.

Los juegos de «encuéntralo» pueden practicarse de varias formas. Puedes enseñar a tu cachorro a buscar la comida que ha escondido en los juguetes de la casa. También puedes animarle a recoger comida del suelo. Estas actividades pueden ser muy útiles en distintas situaciones. Yo utilizo dos pistas diferentes para separar los dos juegos, pero la acción de buscar es la misma.

¡Ve a buscar!

Es como el escondite, pero con uno o varios juguetes rellenos de comida. Esconde estos juguetes en tu casa o en el jardín y envía a tu cachorro a la búsqueda del tesoro. Así se juega:

- Llena un juguete indestructible con comida deliciosa y escóndelo dentro de casa o en el patio trasero.
- Facilita a tu cachorro el éxito al principio dejándole ver dónde lo escondes.
- Cuando tu cachorro sea más hábil, escóndelo en lugares más difíciles de encontrar.
- Reta a tu cachorro a buscar el juguete en lugares que le resulten más difíciles de encontrar.
- Esconde más de un juguete por la casa o en el patio y anímale a ir a buscarlos.

En lugar de alimentarle siempre con un cuenco, puedes ponerle la comida en varios juguetes y esconderlos para que tenga que cazar su comida. Es una forma estupenda de estimular física y mentalmente a tu cachorro durante las comidas.

¡Busca!

Es similar al «ve a buscar», pero anima a tu cachorro a poner la nariz en el suelo y buscar las golosinas que le has tirado. Es una buena actividad que puede realizar en todo tipo de situaciones, sobre todo si se encuentra en una situación en la que no se siente seguro. Hacer algo que conoce en un lugar poco habitual le hará sentirse mejor. Así se juega:

- Establece una asociación positiva con el juego practicándolo durante periodos de calma, cuando tu cachorro esté contento y relajado.
- Tira una golosina al suelo a unos metros de donde estás tú y pídele que «vaya a buscarla». Cuando la haya encontrado y se la haya comido, tira otra al suelo y repite el ejercicio. A los cachorros les resulta más difícil ver los trozos pequeños de comida cuando se les tiran cerca, por lo que la mayoría utilizará el olfato para descubrir dónde está la comida.
- Repite el ejercicio a intervalos, animando a tu cachorro a buscar la golosina.
- Cuando se haya creado una asociación positiva con el juego, puedes utilizarlo en entornos o situaciones que incomoden a tu cachorro.
- Juega solo cuando tu perro esté tranquilo y por debajo de su umbral de estrés.
- Si se estresa demasiado, detén el juego.

Trabajo con aromas

El trabajo con olores lleva estos juegos a un nivel superior. Todos los cachorros pueden realizar esta actividad, que no solo fomenta la confianza y la concentración de su cachorro, sino que proporciona una forma segura de mantenerlo en forma y saludable mediante el ejercicio mental y físico.

El trabajo olfativo empieza por hacer que su cachorro se entusiasme con la idea de usar su olfato para buscar su juguete favorito o una golosina escondida en una de varias cajas. A continuación, la golosina o el juguete se emparejan con un aroma objetivo, normalmente el aroma del abedul o el anís. Una vez que el cachorro asocia el olor del objetivo con la comida o el juguete, puede utilizar solo el olor del objetivo. Cuando tu cachorro detecte el olor del objetivo, la comida o el juguete vendrán de ti y no de la caja.

Cuando domine el juego, puedes ponérselo más difícil ampliando el juego a habitaciones enteras, zonas exteriores y vehículos. A medida que vaya cogiendo confianza con su olfato, podrás ir introduciendo otros olores.

Por qué los cachorros se revuelcan en cosas malolientes

Mi familia siempre sabe cuándo Jasmine se ha revolcado en algo. El ritual normal después del paseo es bastante consistente. Mis perros entran por la puerta trasera y luego se dan la vuelta para que pueda quitarles los arneses, pero cuando Sadie es el único perro que entra y Jasmine se queda fuera, la familia sabe lo que ha pasado. Nuestro ritual normal también se ve interrumpido por mis silenciosos improperios mientras preparo el baño de Jasmine. Me pongo los guantes, llevo el apestoso cuerpo a la bañera y empiezo a lavar el hedor a caca de coyote o ardilla muerta del cuerpo de Jasmine, sustituyéndolo por el aroma de algún champú para mascotas de delicioso olor. Esto es lo peor que puedo hacer por ella, y Jasmine muestra su disgusto revolcándose frenéticamente en la tierra del jardín mientras se seca. ¿Cómo puedo ser tan mala de quitarle el perfume más delicioso de su cuerpo y sustituirlo por un champú para mascotas ofensivo y apestoso?

A Jasmine le encanta revolcarse en las cosas más olorosas que se puedan imaginar. Cuando me doy cuenta con horror de que su cara y su hombro empiezan a hundirse en un montón de porquería, seguidos por el resto de su cuerpo, corro como a cámara lenta para detenerla. Pero es demasiado tarde, y el hedor del cadáver acaricia ahora su precioso pelaje y ella está en un rapto canino.

Jasmine no es la única, y revolcarse en la caca o en el cadáver de un animal muerto puede empezar de manera muy temprana. Lo hacen los cachorros, los perros adultos e incluso los perros mayores, y hay algunas teorías que podrían explicar este comportamiento aparentemente extraño. Los perros podrían revolcarse en algo que huela al entorno en el que se encuentran para camuflarse y reclamar territorio. Adoptar el olor de otra manada de perros puede hacer que un perro sea más aceptable para la manada o más atractivo para una pareja.

Otra teoría que podría explicar por qué los perros se revuelcan en la caca y la podredumbre es que cubre el propio olor depredador del perro con el de su presa, dificultando que esta huela el olor del perro, lo que, a su vez, podría facilitarle la caza.

Creo que Jasmine se revuelca en el barro porque le sienta muy bien. Parece entrar en una especie de trance de éxtasis mientras se cubre el cuerpo y luego vuelve a casa trotando feliz y resplandeciente. Creo que ando bien encaminada, pues la investigación ha demostrado que rebozarse en cosas malolientes parece «activar los circuitos neuronales responsables del juego, el sexo y de comer al mismo tiempo».[15] Esto es maravilloso, lo que podría explicar por qué Jasmine aprovecha cualquier oportunidad para hacerlo, aunque a mí me vuelva loca.

Visión

¿Cómo ve el mundo tu cachorro? La respuesta está en el propio ojo. Los perros tienen visión dicromática, lo que significa que solo pueden ver tonos de amarillo y azul. Para procesar estos colores, el cerebro responde e interpreta las neuronas de la retina del perro. Los tonos de luz azul detectados en la retina provocan la supresión de esas neuronas, y los tonos de luz amarilla provocan la excitación de las neuronas. El cerebro responde a esas señales con los colores que conocemos como azul y amarillo.

Los conos y los bastones del ojo ayudan a los perros a detectar dos colores. Los conos humanos pueden detectar los colores rojo, verde y azul. No sabemos con seguridad cómo experimentan los perros los colores azul y amarillo, pero se cree que son más apagados que los colores que vemos nosotros.[16]

Los ojos de los perros tienen más bastones que los de los humanos, lo que significa que pueden ver mucho mejor con poca luz. También tienen una capa de tejido ocular llamada tapetum lucidum, que refleja la luz en la retina, lo que significa que el umbral mínimo de luz necesario para la visión de un perro es significativamente menor que el de los humanos. Esto es importante porque la presa se convierte en un objetivo más fácil en las horas de mayor actividad, como el amanecer y el atardecer, por lo que la visión de los depredadores caninos debe funcionar con la máxima eficacia durante estos periodos de poca luz.

Si te colocas detrás de tu perro, es posible que pueda verte, dependiendo de dónde tenga los ojos en la cabeza. Algunos perros tienen un campo de visión mucho más amplio que los humanos. Nosotros vemos unos 180 grados a nuestro alrededor, mientras que los perros pueden ver hasta unos 240 grados.

¿Qué hay en la tele?

Un estudio reciente ha revelado que más de dos tercios de los dueños de mascotas estadounidenses han dejado la televisión o la radio encendidas para sus mascotas. Los canales de televisión como DogTV han sido diseñados específicamente para ser vistos por caninos. Los colores y las frecuencias de los contenidos visuales y sonoros de estos canales están especialmente diseñados para resonar positivamente en los perros. El contenido pasa por periodos de calma, estimulación y exposición. De este modo, durante todo el tiempo que el perro esté en casa con DogTV, habrá periodos de movimiento y ritmo sutilmente incrementados. Como resultado, el perro será estimulado periódica y casi imperceptiblemente, ayudando a minimizar el aburrimiento que a menudo puede dar lugar a un comportamiento destructivo.

Este tipo de contenido también se intercala con periodos de «exposición» en los que los perros pueden oír, por ejemplo, el sonido lejano de una aspiradora reproducido a niveles muy bajos, lo que proporciona efectos sonoros gradualmente crecientes que desensibilizan eficazmente a los perros a los sonidos ambientales domésticos cotidianos y ayudan a prevenir la aparición de sensibilidades y fobias al ruido. La televisión para perros puede ser una compañía para los perros que se aburren o sufren angustia por separación. Para empezar, siempre debe vigilarse la reacción del perro al contenido. Si un perro ladra al contenido o se abalanza sobre el televisor, DogTV no es adecuado para él. Introduzca el canal cuando esté presente una persona que le guste al perro. Esto ayudará a crear una asociación positiva entre el contenido y el confort que proporciona la presencia de esa persona.

Gusto

El gusto y el olfato están estrechamente relacionados, pero el gusto empieza en la lengua, y el número de papilas gustativas varía drásticamente de una especie a otra. Los humanos tenemos unas 9 000 papilas gustativas, los perros 1 700 y los gatos 470. Muchas de las papilas gustativas de los perros están especialmente adaptadas a las carnes, las grasas y los cereales. Muchas de las papilas gustativas de los perros están especialmente sintonizadas con las carnes, las grasas y las sales.

Los perros son esencialmente carnívoros, pero también comen fruta y verdura. En nuestros hogares hay muchas tentaciones alimentarias para los perros, y de nosotros depende protegerlos y evitar que coman alimentos que no deberían. No alimentes a su cachorro o perro con nada de lo siguiente: chocolate, aguacates, cebollas, pasas o uvas. Estos alimentos le harán enfermar. Ten mucho cuidado también con los edulcorantes artificiales, como el xilitol, que se encuentra en muchos alimentos, como caramelos y chicles. El xilitol puede ser mortal para los perros si lo ingieren.

Los perros también son golosos y les gusta el sabor de los productos químicos, como los anticongelantes y los medicamentos azucarados. Guarda los medicamentos bajo llave y no dejes que tu cachorro beba de los charcos.

La carne tiene un contenido muy alto de sal, por lo que tu cachorro tiene receptores gustativos especiales para saborear el agua en la punta de la lengua. Esto le anima a beber más, pero también puede volverle quisquilloso a la hora de elegir el agua que bebe y cómo la bebe. A algunos perros no les gusta beber agua de un cuenco, sobre todo si se ha estancado, así que asegúrate de darle agua fresca todos los días. Si tu cachorro sigue sin beber, es posible que prefiera el agua corriente. Hay muchos cuencos para perros que tienen un flujo constante de agua para que los cachorros beban.

Audición

Los perros son extremadamente sensibles al sonido, lo que les hace buenos en ciertos trabajos pero también susceptibles de desarrollar sensibilidades y fobias al ruido. El oído humano puede detectar tonos de hasta 20 000 hercios. Los perros pueden oír frecuencias de hasta 45 000 hercios. Los perros nacen sordos, pero los cachorros desarrollan una audición excepcional y son capaces de captar sonidos procedentes de todas las direcciones en el primer mes de vida.

Algunos perros son más sensibles a los sonidos que otros. Cuando era niña, visitaba una granja todas las Pascuas y todos los veranos. Nunca quise viajar a otro sitio, porque para mí no había nada mejor que ayudar al granjero a trabajar con los perros pastores. Max Jones tenía una gran granja en las montañas de Gales y miles de ovejas que cuidar, sobre todo durante la época de partos. Sus border collies, Roy y Sam, me enseñaron mucho sobre el pastoreo y sobre lo sensibles que pueden ser a los sonidos. Se alejaban mucho de Max para reunir a las ovejas, pero seguían oyendo sus silbidos por encima del viento y la lluvia torrencial de un día de primavera en Gales.

Escucha activa frente a audición pasiva

Algunos cachorros y perros son incapaces de filtrar entre la audición activa —el acto de centrar el oído en un sonido concreto— y la audición pasiva, cuando hay un ruido de fondo que el cerebro oye pero no escucha activamente. Estos cachorros pueden desarrollar sensibilidad al sonido o fobias al ruido.

Mientras lees esto, es posible que no seas consciente de los ruidos que te rodean, aunque en realidad los estés oyendo pasivamente. Ahora deja de leer y concéntrate en los sonidos de tu entorno. Aunque han estado ahí todo el tiempo, no los has registrado hasta ahora porque no los has estado escuchando activamente. Vuelve a leer y, al cabo de un rato, tu cerebro dejará de prestar atención a los sonidos de tu entorno, aunque sigan estando presentes. Puede que incluso vuelvas a ser consciente de ellos, pero probablemente no te molesten si estás realmente concentrado en lo que lees. Para un perro, el resultado final de este proceso de desensibilización al ruido es que, aunque oiga el sonido de una tormenta, le moleste menos porque ya no le agobia. Este tipo de educación sensorial puede utilizarse cuando se trabaja con perros que ya han desarrollado fobias al ruido.

Terapia de sonido

La terapia del sonido es una forma de educación sensorial y un buen complemento para cualquier protocolo de modificación del comportamiento que trate problemas de ansiedad o estrés en perros. La concertista de piano Lisa Spector y Joshua Leeds, un destacado investigador del sonido, han estudiado el efecto de la música y el sonido en el sistema nervioso humano y canino. Leeds afirma que «la cognición auditiva en los humanos es compleja, pero cuando se expone a la música, el cerebro humano analiza metódicamente cada intervalo, matiz rítmico, densidad instrumental y giro melódico».[17]

Una investigación innovadora ha descubierto que muchas de las mismas señales auditivas afectan también a los caninos. Leeds y Spector descubrieron que los perros mostraban preferencia por la música clásica lenta y sencilla tocada en un piano solista a baja frecuencia. Esta música tiende a relaja el sistema nervioso, mientras que la música rock a todo volumen tiene el efecto contrario.

Terapia de sonido tradicional

La terapia de sonido tradicional puede utilizarse para perros que tienen miedo a diversos sonidos, como el ruido de una tormenta eléctrica, los fuegos artificiales o los sonidos fuertes de la ciudad. Las tormentas eléctricas no son fáciles de predecir ni de controlar. Un perro suele saber que se acerca una tormenta mucho antes que un humano y se asusta cada vez más a medida que se acerca.

Acondiciona a tu cachorro para que se sienta diferente ante el ruido de la tormenta exponiéndole gradualmente a grabaciones de audio de sonidos de tormenta a bajo volumen y, si parece relajado, juega a su juego favorito o dale de comer su comida preferida. Deja que tu cachorro juegue y se relaje en presencia del ruido suave durante un periodo de diez minutos, tómate un descanso de cinco minutos y repite el ejercicio. Vuelve a introducir el audio a un nivel bajo y, si tu cachorro sigue relajado y es capaz de concentrarse en el juego o en la comida, sube lentamente el volumen y deja que se habitúe al ruido sin una respuesta de miedo.

Serie sobre la fobia canina al ruido

La serie Canine Noise Phobia (CNP) es una compilación única de grabaciones de audio especializadas y protocolos de adiestramiento innovadores diseñados específicamente para reducir y prevenir las fobias al ruido y la ansiedad en cachorros y perros. CNP lleva el proceso un paso más allá que la terapia de sonido tradicional, combinando música psicoacústica calmante clínicamente demostrada con niveles gradualmente crecientes de efectos de sonido de tormenta. Esto ayuda a cachorros y perros a aclimatarse a los sonidos de las tormentas en un entorno controlado. La grabación está diseñada de forma exclusiva para que los perros puedan «desconectar» de los sonidos de una tormenta. Además de tratar las fobias a las tormentas ya existentes, esta herramienta también puede utilizarse para prevenir la fobia al ruido de las tormentas y otras sensibilidades al ruido. El objetivo de esta terapia es cambiar cómo se siente un perro alterando la forma en que oye el sonido. La PNC anima a los cachorros nerviosos y a los perros adultos a oír pasivamente el ruido en lugar de escucharlo activamente.

Tacto

El tacto es el sentido que facilita el vínculo entre perros y entre perros y humanos. Puedes transmitir distintos significados con la forma de tocar a tu cachorro. Si quieres que esté más enérgico, puedes frotarle el pelo rápidamente para excitarlo, o si quieres que se calme, puedes frotarle el pecho lentamente con un movimiento circular. Cuando las personas están nerviosas, tienden a acariciar a sus perros con un movimiento rápido y repetitivo, que es más un comportamiento de desplazamiento para disminuir su ansiedad que placentero para el perro.

Los cachorros y los perros adultos toleran muy bien que les toquen todo tipo de personas, sobre todo en la parte superior de la cabeza, razón por la que enseño a los cachorros a tolerar los saludos humanos «groseros». Probablemente tocamos demasiado a nuestros perros, pero el contacto social es importante para crear un vínculo y empieza en el momento en que nace un cachorro.

Una madre lame y acaricia a sus cachorros más pequeños para reconfortarles y estimularles a eliminar sus desechos. Los cachorros confían en el tacto de su madre para sentirse seguros, para mamar y para buscar consuelo en su calor. Cuando la madre empiece a desconectarse, los cachorros confiarán en el tacto de sus hermanos para mantenerse a salvo. Estas formas recíprocas de contacto son fundamentales para la supervivencia del cachorro a una edad tan temprana y, por ello, los cachorros pueden sentirse visiblemente angustiados cuando se les separa de su madre o de sus hermanos.

Algunos cachorros son más sensibles al tacto que otros. Si tu cachorro se estremece o se aleja cuando le tocas, es posible que sea sensible en esa zona o que no le guste que le toquen. Si no se condiciona a los cachorros desde pequeños para que acepten las caricias, pueden crecer temiendo el contacto humano. Puedes saber si tu cachorro quiere que le acaricies acariciándole y parando un momento. Si se acerca a ti o te da un codazo en la mano, probablemente te esté invitando a continuar. Si se aleja o no se acerca a ti, es que está contento de que le dejes solo en ese momento.

Si observas la cara de tu cachorro, verás unos bigotes que están situados encima de las cejas, en el hocico y debajo de la mandíbula. Estos bigotes envían señales sensoriales al cerebro que proporcionan información importante a tu cachorro sobre el mundo que le rodea. La cabeza y la cara suelen ser zonas sensibles al tacto, al igual que el estómago y las patas. Cortarle las uñas puede ser un reto, no porque duela, sino porque los perros sienten tantas cosquillas como los humanos cuando se les manipulan las patas.

Prevenir el comportamiento temeroso

A medida que el papel del perro moderno sigue evolucionando desde el de perro de trabajo al de animal de compañía, aumenta la presión sobre todos los perros para que se desenvuelvan y se comporten bien en un mundo humano cada vez más ajetreado. Los perros asumen muchas funciones en nuestras vidas, y de nosotros depende que se sientan cómodos en cualquiera de ellas.

Entre los signos habituales de estrés se incluyen lamerse los labios, bostezar, lloriquear, ladrar en exceso, masticar de forma destructiva, babear, jadear, inquietud, pérdida de apetito, alteraciones del sueño, nerviosismo, impulsividad, reactividad y comportamiento agresivo. Si tu cachorro se siente abrumado por los lugares nuevos y las situaciones impredecibles, o simplemente busca formas de fomentar su confianza en diferentes situaciones, las soluciones de adiestramiento y manejo son muy similares.

Prepárale para el éxito evitando situaciones y entornos que le abrumen. Incluso los cachorros más seguros de sí mismos pueden tener dificultades durante las celebraciones familiares o las fiestas. Si a tu cachorro no le gustan estas situaciones sociales, crea una zona segura para él, como una habitación cerrada, que te ayudará a prevenir el estrés y cualquier problema de comportamiento que pueda agravarse por la incapacidad de tu cachorro para afrontarlas. Piénsalo dos veces antes de llevarlo a lugares como ferias, exposiciones, concursos caninos o celebraciones navideñas. Aunque estos acontecimientos pueden ser divertidos para ti, pueden suponer una experiencia muy diferente para él y estará mucho más feliz acurrucado en el sofá o en su zona segura de casa mientras tú sales a celebrarlo.

A la mayoría de la gente le encantaría que sus perros fueran seres sociales y no tuvieran que preocuparse de a quién traen a casa, pero un cachorro que carece de confianza social tiene que enfrentarse a diario a la novedad en el hogar. El repartidor, un amigo que viene de visita, los niños que juegan juntos o el servicio de limpieza de la casa pueden tener mucho sentido para ti, pero las personas extrañas que deambulan por la casa pueden confundirle y asustarle. Si ves que tu cachorro está estresado, haz que se sienta más seguro colocándolo en una zona segura o introdúcelo en situaciones nuevas poco a poco, asegurándote de que se mantiene por debajo de su umbral de estrés.

Empieza por invitar a un amigo y permítele interactuar de la forma en que se sienta más cómodo dentro de la casa. Si tu cachorro se pone nervioso con la gente, aligera la presión indicando a tus invitados que le ignoren y se mantengan alejados de su espacio hasta que él decida interactuar con ellos. También puedes dar a tus invitados los juguetes y la comida favoritos de tu cachorro para que establezca una asociación positiva con su presencia. Pídeles que lancen suavemente estas golosinas o juguetes cuando entren y diles que se mantengan alejados de él a menos que decida interactuar con ellos. Si tienes alguna duda sobre cómo podría responder tu cachorro a la presencia de nuevas personas en casa, mantén a todo el mundo a salvo poniéndolo en su zona segura mientras sus invitados o trabajadores domésticos estén allí.

Cuando lo consideres oportuno, lleva a su cachorro a un parque o a una calle menos transitada y motívalo para que descubra el entorno con cosas que le hagan sentirse bien, como caricias, elogios, comida o juguetes. Una de las mejores formas de hacerlo es fomentar sus habilidades de búsqueda mediante juegos que utilicen su sentido del olfato (como el juego «¡a buscar!»). Recuerda empezar en una zona en la que tu cachorro se sienta seguro. Utiliza comida si le motiva la comida y juguetes si prefiere los juguetes.

Una de las mejores formas de fomentar la confianza en distintos entornos es observar lo que hacen los perros seguros de sí mismos en esos entornos. Si tu cachorro tiene un amigo canino con el que le gusta relacionarse, llévatelo de paseo. Los paseos sociales no solo son buenos para las personas, sino que la unión hace la fuerza. El mero hecho de seguir y observar lo que hace un perro más seguro en una situación concreta puede ayudar a aumentar la confianza de su cachorro. Los grupos de juego reducidos ofrecen a los cachorros la oportunidad de interactuar y jugar, pero a veces basta con un programa de paseos diario y constante.

A los cachorros que se agobian con facilidad les va mejor cuando las cosas son predecibles. Los animales domésticos tienen una capacidad de adaptación asombrosa, pero cada cachorro es diferente. Mientras que algunos pueden ir por la vida felices y seguros de sí mismos, a otros les cuesta enfrentarse a nuevas experiencias. Cuanto más predecible sea el día, más seguro se sentirá su cachorro. Los horarios de comidas y paseos son una buena forma de empezar, así como limitar las visitas a aquéllas con las que el cachorro se sienta cómodo. Una vez que se adapte mejor, se pueden variar los horarios e introducir poco a poco cosas o personas nuevas.

Una de las formas más importantes de ayudar a tu abrumado cachorro a sobrellevar mejor la situación es darle más autonomía y capacidad de elección, como expliqué en «El poder de la elección» al principio de este capítulo. Los perros adiestrados de forma punitiva tienen muy poco control sobre sus vidas, pero incluso los perros educados de forma humanitaria pueden encontrar sus vidas completamente microgestionadas por sus cuidadores humanos, lo que les incapacita para tomar las decisiones más sencillas. Pero la elección es valiosa, sobre todo para los perros temerosos, y cuando tienen un poco de control sobre lo que les ocurre, adquieren más confianza. Sé un buen observador y haz una lista de lo que le gusta a tu cachorro y de las decisiones que toma en distintas situaciones para poder planificar el futuro.

Si tu cachorro te evita, permítele que se vaya. Si prefiere irse a su cama cuando hay visitas, dale espacio para que se instale tranquilamente y déjale un rato a solas. Piensa en todas las opciones posibles y verás un cambio en él, porque la elección es un potente potenciador de la confianza.

Ten en cuenta que la confianza no surgirá de la noche a la mañana. Dependiendo de lo agobiado que esté tu cachorro, puede que nunca se convierta en una perro sociable o que disfrute estando en un lugar abarrotado de gente, pero las experiencias sociales positivas pueden darse sin la presión de ser tocado por la gente o expuesto a entornos ajetreados. Si eres sensible al barómetro social de tu cachorro y a su capacidad para adaptarse a situaciones nuevas, no lo someterás a un estrés innecesario.

Si bien es importante que pueda seguirte a todas partes, lo cual es un buen hábito para cuando quieras que acuda a tu llamada, asegúrate de que también haya momentos en los que pueda separarse de ti en casa. El adiestramiento de independencia en casa también enseña a tu cachorro a arreglárselas sin ti cuando no estás. La ansiedad por separación no es divertida ni para los perros ni para las personas y es un trastorno muy difícil de tratar, así que prepárale para el éxito desde el principio enseñándole a sentirse emocionalmente seguro sin ti.

Adiestramiento centrado en la elección

El adiestramiento centrado en la elección no es un concepto nuevo, pero es uno que he utilizado durante muchos años para guiar a los perros a tomar mejores decisiones en todo tipo de situaciones. Debido a que el adiestramiento canino actual sigue contaminado por la metodología más tradicional basada en el castigo, el adiestramiento centrado en la elección ha quedado relegado a un segundo plano, pero lo bueno de este método es que funciona, y sí, incluso con perros agresivos o de «zona roja».

Me entristece ver cómo se manipula y mangonea a los perros. Por ejemplo, veo con frecuencia a propietarios y adiestradores que enseñan a sus cachorros y perros adultos a sentarse presionándoles el lomo, o que les castigan pinchándoles, dándoles patadas o sujetándoles por el costado o la espalda en un intento de dominarles y conseguir el control. La idea errónea de que un perro solo aprenderá a comportarse a través de la fuerza y el miedo es triste y equivocada, pero la gente sigue creyendo erróneamente que estos métodos son el camino correcto. Esto conduce a elevados niveles de estrés que podrían evitarse si se dedicara tiempo a comprender cómo aprenden los perros y cómo se les puede enseñar de forma eficaz. El adiestramiento centrado en la elección es un rayo de esperanza en un mundo que sigue siendo dominante.

El adiestramiento centrado en la elección implica captar acciones y comportamientos que le gusten y marcarlos con recompensas que su cachorro encuentre motivadoras. Estas acciones y comportamientos pueden convertirse en los comportamientos «por defecto» del cachorro, que podrá utilizar en determinadas situaciones. Un comportamiento predeterminado ofrece al cachorro una alternativa y le hace sentirse más seguro en una situación que antes le producía inseguridad. A continuación, puedes exponer a tu cachorro a situaciones cada vez más estresantes y ver cómo reacciona. Si su reacción es algo que contrarresta un comportamiento previamente indeseable, se recompensa al cachorro. Si elige un comportamiento negativo, se le retira tranquilamente de la situación hasta que se encuentre en un lugar donde pueda aprender de nuevo.

La única forma que Sadie conocía de enfrentarse a perros extraños cuando vino a vivir con nosotros por primera vez era embestir y agredir. Suprimir ese comportamiento con un castigo probablemente habría funcionado momentáneamente, pero la supresión punitiva no cambia la forma en que un perro se siente; simplemente pone una venda en el problema, que probablemente resurgirá de nuevo en una situación similar. No solo eso, sino que es sencillamente erróneo castigar a un cachorro o a un perro adulto por estar nervioso o inseguro y solo sirve para empeorar la inseguridad. Cambié el comportamiento de Sadie mostrándole que no solo había otra forma de comportarse, sino que esta forma en realidad la hacía sentir mejor.

Empecé enseñándole una serie de acciones que podía utilizar, como «siéntate», «camina» y «mírame». Asocié su éxito con recompensas que le encantaban, lo que garantizó que su proceso de aprendizaje fuera divertido y agradable. A continuación, le enseñé una combinación de acciones. Cada vez que miraba a un perro a lo lejos, le decía «mira» y la recompensaba por mirar pero sin reaccionar. A continuación, le pedí que me mirara y, cuando volvía la cabeza hacia mí, recibía otra recompensa. Después de muchas repeticiones (y de que una amiga muy amable trajera a su perro y trabajara con nosotras), miraba con impaciencia al perro extraño y me miraba a mí porque la acción le resultaba reforzante. Entonces eliminé gradualmente la recompensa de comida que le daba por mirar al perro y solo la utilicé al final de la secuencia, cuando me devolvía la mirada. Cuando el perro se acercó, continuamos con la secuencia. En ningún momento Sadie le dio la espalda al perro que se acercaba. Si Sadie reaccionaba negativamente en algún momento, la apartaba y la llevaba a un lugar donde se sintiera más segura y pudiera continuar con el aprendizaje.

Como Sadie está muy motivada por la comida, aprendió fácilmente el proceso. Rápidamente llegamos a un punto en el que podía ver pasar al otro perro sin reaccionar en absoluto.

Repetí la secuencia con varios perros diferentes y, cuando Sadie estuvo lista para elegir, eliminé gradualmente mis señales. ¿Utilizaría los comportamientos alternativos que le había enseñado o volvería a lanzarse? Le solté la correa y me quedé quieta mientras se acercaba un perro que Sadie no había visto nunca. Sin decir ni hacer nada, esperé a que tomara una decisión. Cada vez que miraba al perro y me miraba a mí, sonreía y la elogiaba en voz baja, pero en ningún momento le daba una señal ni hacía nada más. Cuando pasó el perro, Sadie lo miró y luego volvió a mirarme a mí. Me di cuenta de lo contenta que estaba y la recompensé por su valentía. Sabía que había conseguido algo ese día y, a medida que avanzábamos durante las semanas siguientes, su confianza aumentó y su nuevo comportamiento elegido se fijó.

No sabes lo maravilloso que es para mí ver a un perro aprender, pensar por sí mismo y crecer en confianza a través del éxito. Es lo que hace que mi trabajo sea tan gratificante. Por supuesto, empiezo el proceso dando alternativas a los perros, pero al final son ellos los que toman las decisiones finales. Lo bueno de este adiestramiento es que anima a los perros a pensar por sí mismos y a ganar confianza en las decisiones que toman, sin que se les presione, castigue o manipule físicamente de ninguna manera. Mi presencia siguió siendo importante durante muchos meses, ya que daba confianza a Sadie, pero poco a poco fue capaz de pasear con otras personas y ahora incluso saluda con éxito a otros perros con y sin correa. Andar con la correa y ladrar no solo era estresante para ella, sino agotador. Su elección, en comparación, requiere poca energía, y las recompensas son mucho más satisfactorias para ella. Sadie nunca será una perra muy sociable debido a sus experiencias pasadas, pero ahora tiene un grupo de amigos caninos que han hecho su vida infinitamente más gratificante.

El adiestramiento centrado en la elección es un método estupendo para enseñar a todo tipo de perros reactivos y miedosos, pero yo también me quito presión simplemente captando acciones o comportamientos que me gustan o utilizando incentivos para enseñar comportamientos. Por ejemplo, si veo por casualidad a un cachorro sentado, lo elogio y lo recompenso con algo que le guste. Nada la obligó a hacerlo y fue su propio deseo sentarse en ese momento. Esto se llama captar un comportamiento. Si quiero enseñar a un cachorro a sentarse a la señal, lo único que tengo que hacer es averiguar qué le gusta, ya sea un juguete o una golosina, y ponérselo delante de la nariz. Entonces, el cachorro tiene que ingeniárselas para conseguir la recompensa que tengo en la mano. Puede intentar diversas acciones, como dar zarpazos, lamer o mordisquear mi mano, pero no conseguirá la golosina o el juguete hasta que ponga el trasero en el suelo. Si al cachorro le cuesta entender lo que tiene que hacer, muevo la golosina un poco por encima de su nariz. Cuando siga la comida, sus nalgas tocarán el suelo de forma natural en la posición sentada. Este proceso se denomina atraer.

Durante mucho tiempo, el adiestramiento canino se ha basado en la fuerza, el miedo y la manipulación física, lo que convierte al perro en una especie de robot escénico y no le permite pensar por sí mismo. Puede sonar extraño para los que están versados en el estilo de adiestramiento más dominante, pero todos los perros, independientemente de su raza y su instinto, han evolucionado para tener excelentes habilidades de resolución de problemas y, por lo tanto, tienen la capacidad de pensar por sí mismos, ser guiados para escuchar, seguir instrucciones y tomar las decisiones correctas.

A medida que aprendemos más sobre lo que mueve a los perros, podemos mejorar su experiencia vital. Cada vez que entro en una casa con un cachorro o un perro que lucha por salir adelante, me concentro en encontrar formas de aliviar parte de la presión que siente. Soluciones sencillas, como colocar la cama del perro en una zona poco transitada o crear una «zona segura», pueden tener enormes beneficios. Enseñar a las familias a decir a los invitados y extraños que saluden a su perro como es debido da a éste la libertad de tomar decisiones que le hacen sentirse bien y fomentan la confianza. Enseñar a los niños a no abrazar o molestar a un perro y permitirles ver cómo es el mundo desde el punto de vista de su perro ayuda a los niños a comprender y apreciar la experiencia de un perro. Reducir las expectativas y comprender que el perro no tiene por qué ser sociable con todo el mundo que conoce ayuda al perro a sentirse protegido y seguro.

¿Qué diría tu cachorro?

Si pudieras preguntarle a tu cachorro cómo se siente viviendo contigo y si está contento con la cantidad de tiempo que pasas con él, ¿qué te diría? ¿Te diría que eres el compañero perfecto o se quejaría de que no le prestas suficiente atención? Todos llevamos una vida muy ajetreada y nuestros perros no tienen más remedio que adaptarse a nuestros horarios. Esto está bien para el perro que lleva una vida plena y enriquecedora con su familia, pero ¿qué pasa con los que pasan la mayor parte del día solos mientras sus padres están en el trabajo? ¿Qué te diría tu cachorro si pudiera hablar tu idioma?

A los perros no les va bien el aislamiento social. Son animales cooperativos que se desenvuelven mejor en grupos sociales donde existe una interacción enriquecedora. La mayoría de los perros se adaptan bien a grupos y situaciones sociales cambiantes, mientras que otros no se adaptan a estar solos. Incluso cuando estás en casa, puedes pensar que le das a tu cachorro todo lo que necesita, pero ¿cómo puedes saber seguro si con la cantidad de tiempo que pasa contigo es suficiente y qué comportamientos debes buscar que indiquen lo contrario?

Los perros siempre se comunican con nosotros, seamos conscientes o no. Lo hacen utilizando un lenguaje vocal o físico que nos indica lo que quieren o les interesa. Cuando tu cachorro mira algo, desvía la mirada para mirarte y luego vuelve a mirar al objeto o lugar que estaba mirando, está comunicando sus intenciones a través del lenguaje corporal. Los perros también nos ayudan a entender lo que quieren mediante otros gestos físicos. Inclinarse sobre las patas delanteras con el trasero al aire suele significar que un perro está solicitando jugar contigo o con otro perro, y si tú respondes a su vez y empiezas a jugar, tu perro te ha comunicado con éxito su intención y tú has respondido adecuadamente.

Si observas que tu cachorro siempre se acerca a ti y reclama tu atención, a menudo simplemente acercándose y mirándote fijamente, apoyándose en tu cuerpo, sentándose en tus pies, como suelen hacer los perros pequeños, o intentando subirse encima de ti cuando está sentado, puede que solo necesite estar cerca de ti en ese momento o puede que necesite algo más. Los cachorros pueden ser exigentes y lloriquear, ladrar o meterse en tu espacio para llamar tu atención, pero la mayoría de ellos simplemente se sienten seguros con la atención que les prestas.

El simple hecho de poder tocarle puede hacer que tu cachorro se sienta más seguro. Yo llamo a esta necesidad de cercanía «anclaje», y proporciona una seguridad que hace que los perros se sientan seguros. Los perros también se anclan a otros perros para sentirse seguros. Jasmine siempre se sienta o se tumba sobre Sadie cuando están descansando. La cercanía física la hace sentir segura, y a Sadie le encanta el masaje que recibe cuando Jasmine se sube a su lomo. En nuestra casa todo el mundo vale. Si te tumbas en el suelo, tienes que estar preparado para que un perro pequeño se suba encima y se tumbe sobre ti como si fuera lo más natural del mundo.

Si tu cachorro no interactúa lo suficiente cuando estás en casa o se queda solo durante largos periodos de tiempo, es posible que muestre ciertos comportamientos. El cachorro solitario podría ladrar, lloriquear, morder o destrozar su casa en su ausencia. Puede empezar a estresarse mucho cuando detecte comportamientos que le indiquen que estás a punto de marcharte. Las personas tienden a ser bastante ritualistas cuando se preparan para salir y a menudo realizan los mismos comportamientos en secuencia, como ponerse el abrigo, coger un bolso y recoger las llaves. Estas acciones se convierten en desencadenantes que señalan tu partida, por lo que si tu cachorro empieza a seguirte todo el tiempo y se inquieta antes de que te marches, es posible que tenga problemas con la separación. Gracias a la tecnología moderna, ahora es mucho más fácil ver lo que hace su cachorro cuando está solo en casa. Las cámaras web no solo facilitan la visión de tu perro, sino que algunas tecnologías te permiten hablar con él mientras estás fuera e incluso darle golosinas a través de una aplicación de tu *smartphone*. Esto podría ser todo lo que tu cachorro necesita para ayudarle a sobrellevar la situación, pero si sigues observando un comportamiento que te preocupa, ponte en contacto con un adiestrador en positivo que pueda ayudar a tu cachorro con los problemas de separación que pueda tener. Con un poco de ayuda, tu cachorro puede vivir la vida feliz y saludable que se merece.

LOS ALTIBAJOS DE LA ADOLESCENCIA

Tu cachorro está entrando en la adolescencia y, como cualquier adolescente, está atravesando una etapa incómoda y, aunque ha alcanzado la madurez sexual, aún no ha alcanzado la madurez social. Esta etapa de la vida puede ser muy difícil, y un cachorro que antes te seguía a todas partes y escuchaba todas tus palabras ahora no vuelve cuando le llamas, marca dentro de casa, vigila su comida y empieza peleas con otros perros. No es de extrañar que los perros adolescentes acaben en refugios, ya que sus familias se rinden al intentar navegar por aguas difíciles. Pero si le das a tu perro adolescente una oportunidad, esta es una ocasión maravillosa para llevar su aprendizaje al siguiente nivel.

Exuberancia adolescente

Un perro alegre es algo maravilloso de contemplar, pero la excitación extrema puede ser una molestia para cualquiera que la sufra. Aunque el adiestramiento debe orientarse a mejorar el comportamiento de saludo de tu perro mediante la enseñanza de habilidades de atención y control de impulsos, no debe mermar su alegría y deseo de socializar. Antes de empezar el adiestramiento, evalúa si tu comportamiento anterior ha contribuido al problema: el comportamiento negativo de un perro suele verse reforzado inadvertidamente por la atención humana. Por ejemplo, si permites que tu perro salte y te lama mientras te saluda, es una invitación abierta a que se lo haga a todos los demás, así que sé coherente y aplica la norma de «no saltar» en todo momento.

Aumenta la atención de tu perro hacia ti desarrollando un repertorio de comportamientos más tranquilos para incluirlos en sus actividades cotidianas. La enseñanza produce un efecto calmante y te proporcionará herramientas constructivas para tratar su comportamiento. Puedes introducir recompensas cotidianas, como la hora de comer o de pasear, para potenciar la atención, ya que antes de dar la recompensa tiene que centrarse en ti y emplear técnicas de control de impulsos. Si a tu perro le gusta perseguir pelotas, por ejemplo, dale la oportunidad de perseguir una pelota únicamente después de que haya obedecido tu señal de «espera» durante un tiempo. La espera se convierte en una habilidad vital que le permitirá pensar y recordar lo que tiene que hacer antes de actuar.

Puedes establecer un ritual de comportamientos con la correa al saludar a una persona o a un perro, como hacerle esperar, acercarse a la persona cuando se le indique y sentarse frente a ella para saludarla. Si tu perro se excita demasiado, retíralo con calma a una distancia en la que ambos podáis reagruparos e intentarlo de nuevo. Sigue repitiendo este ejercicio hasta que salude con calma, y se le recompensará con la atención de la persona o permitiéndole ir a jugar con otro perro.

Miedo adolescente

Estoy volando a Portland, Oregón, desde Los Ángeles y el piloto nos acaba de decir que habrá turbulencias cuanto más nos acerquemos a Portland. En nuestro destino hay una temperatura de 11 grados, llueve y soplan vientos racheados. Nos dice que es probable que el descenso sea muy agitado.

Antes era una pasajera nerviosa, pero cuanto mayor me hago, mejor lo manejo. Prácticamente vivo en un avión porque vuelo todo el tiempo por trabajo, pero cuando siento la primera turbulencia, empiezo a sudar. Siento que el corazón me late más deprisa, el estómago se me revuelve, la respiración se me vuelve superficial y se me cierra el estómago. Sé que estoy experimentando una reacción fisiológica que prepara mi cuerpo para el peligro: el miedo.

Intento mantener la calma mientras el avión desciende entre espesas nubes. Sé que la probabilidad de que el piloto pierda el control y el avión se estrelle es muy pequeña, pero mi mente está repasando ahora todas las películas y noticias que he visto de aviones que se han estrellado por culpa del mal tiempo, y el miedo empieza a apoderarse de mí.

También estoy atada a mi asiento. Sé que lo más seguro es permanecer sentado con el cinturón de seguridad bien abrochado alrededor de la cintura, pero lo único que quiero es salir corriendo y esconderme, y no puedo hacer otra cosa que permanecer aquí sentada y rezar para que aterricemos sanos y salvos.

Mientras lucho contra la creciente oleada de miedo en mi interior, pienso en lo que debe implicar ser un perro miedoso atado con una correa o encerrado en una perrera. Es una sensación de impotencia. No tengo adónde ir, ni control sobre mi situación, ni escapatoria. La persona que tiene el control ahora mismo es el piloto, y no sé lo que está pensando. La única manera que tengo de superar esto es confiar en sus habilidades, en la robustez del avión y en las estadísticas que demuestran que miles de aviones experimentan turbulencias cada día y que las probabilidades de que ocurra algo malo son ínfimas.

Como ser humano, puedo racionalizar mis temores porque al menos comprendo la situación y tengo una vaga idea de lo que está ocurriendo. Va a haber turbulencias, pero hay muchas posibilidades de que llegue viva a mi destino y todo vaya bien. Los perros no tienen la capacidad de racionalizar como nosotros y, aunque no ven las noticias ni leen libros que predicen desastres y destrucción y no son conscientes de cuál puede ser el peligro, los perros no tienen ni idea de lo que está pasando ni de lo que hay a la vuelta de la esquina. No podemos explicárselo. Si tienen miedo, lo único que podemos hacer es ponerles la mano encima y decirles que todo va a salir bien y, si confían en nosotros, quizá podamos calmar un poco sus miedos. Pero debe de ser terrible tener tan poco control sobre gran parte de lo que haces, así como opciones limitadas para ayudarte a afrontar una situación incómoda.

La función principal del sistema nervioso simpático es estimular una reacción fisiológica en respuesta a una amenaza percibida. El sistema nervioso simpático libera hormonas en el organismo en respuesta al estrés, lo que produce un subidón de adrenalina. Este subidón activa la respuesta de lucha o huida y aumenta el flujo sanguíneo a los músculos, incrementa el ritmo cardíaco, dilata las pupilas y prepara al cuerpo para actuar. La forma en que nos enfrentemos a este subidón nos sacará de una situación o nos hundirá más en ella, pero si tenemos suerte, tomaremos la decisión correcta y practicaremos la evasión o ganaremos la lucha. Si tomamos la decisión equivocada o perdemos el control, tendremos problemas.

Pero ¿cómo combatir el miedo en nosotros mismos y en nuestros perros? El hipocampo es el órgano central del aprendizaje (neurológicamente hablando). Permite el aprendizaje y añade nuevas neuronas mediante la creación de nuevas conexiones entre las ya existentes. El hipocampo es muy sensible al cortisol (también conocido como la hormona del estrés). El cortisol afecta al ritmo al que se suman o restan neuronas en el hipocampo. Los niveles elevados de cortisol, debidos al miedo y al estrés, impiden que se formen nuevas vías neuronales, impidiendo así el aprendizaje de nuevos comportamientos. En pocas palabras, cuando se está en un estado de miedo, el aprendizaje no puede tener lugar con la misma eficacia que cuando se está tranquilo. Intentar enseñar o llamar la atención de un perro cuando está asustado es contraproducente, pero sacarlo de una situación que le asusta y llevarlo a un lugar físico y mental en el que el aprendizaje pueda producirse de nuevo le ayudará a afrontar la situación. Animarlo a buscar, cazar y resolver problemas activará la parte de aprendizaje de su cerebro y aplacará su miedo descargando su sistema nervioso y devolviéndola a un estado más tranquilo y parasimpático.

Mucha gente sigue creyendo que consolar a un perro miedoso reforzará su miedo, pero ignorar a los perros en sus momentos de necesidad puede hacerles mucho daño. Debemos ser los protectores de nuestros perros y tenderles un brazo reconfortante, además de dedicarles actividades enriquecedoras para el cerebro, que es exactamente lo que estoy haciendo ahora. Escribo más rápido mientras descendemos entre las nubes. Sé que si activo mi cerebro pensante, puedo desactivar mi cerebro emocional. Pensar, hacer y resolver problemas puede, literalmente, desactivar mi miedo.

Estoy garabateando furiosamente mientras descendemos, y me está ayudando. El avión se zarandea como un barco en un océano agitado, pero con cada bache y cada caída, garabateo más deprisa porque me ayuda a calmar mi creciente pánico. Apenas puedo ver lo que escribo y las letras que pongo en la página son difíciles de leer, pero al menos así evito perder la cabeza. Nos acercamos al suelo y el avión es zarandeado de un lado a otro. Las alas vibran salvajemente a medida que nos acercamos a la pista, y no tengo ni idea de si vamos a aterrizar sanos y salvos. Rezo a Dios, agacho la cabeza y me concentro en escribir mientras las ruedas tocan el asfalto. Aterrizamos.

Impulsividad

Los perros son animales impulsivos. Si hay comida disponible, se la comerán; y si se descubre un cadáver de animal putrefacto, se revolcarán en él. Los perros perseguirán a las ardillas si las ven y saldrán corriendo por la puerta principal si está abierta. El autocontrol no es algo con lo que los perros nazcan, pero la falta de control puede ser fatal. El impulso de salir corriendo, perseguir algo o saltar de un coche a menudo anula cualquier sentido de conciencia que un perro pueda tener de su entorno y puede tener consecuencias devastadoras.

Al igual que los niños, los perros necesitan que se les enseñe a controlarse desde pequeños. Pueden aprender fácilmente límites sencillos y modales básicos de forma humana y constructiva. Corregir simplemente a los perros por «fallar» no contribuye a frenar el comportamiento indeseable y los predispone a volver a fallar, mientras que darles una alternativa en la misma situación detiene el comportamiento indeseado y les permite tener éxito. Caminar con la correa sin tirar, saludar a una persona sin saltar o esperar mientras se abre una puerta son comportamientos fáciles de enseñar con un poco de tiempo y mucha paciencia.

Los perros impulsivos se frustran con facilidad y pueden cambiar de atención muy rápidamente. Esto reduce la capacidad de mantener la atención y hace que el perro sea más sensible y receptivo a las distracciones. La impulsividad se ha relacionado con la disminución de los niveles de los neurotransmisores serotonina y dopamina, que afectan al comportamiento de diversas maneras. La serotonina se forma a partir del aminoácido triptófano y se encuentra en los intestinos, el sistema nervioso central y el cerebro del perro. Controla los ciclos de sueño y vigilia, la percepción del dolor y el estado de ánimo. La dopamina se produce en varias zonas del cerebro y desempeña un papel importante en la motivación, la coordinación, el sueño, el estado de ánimo, la atención, la cognición y la memoria de trabajo. La falta de estos importantes neurotransmisores dificulta la concentración y el aprendizaje de los perros y aumenta el comportamiento impulsivo, así como la inquietud, la reactividad y la agresividad.

La corteza cerebral o «cerebro pensante» es responsable de la inhibición social y las habilidades de afrontamiento. La capacidad del perro para controlar sus impulsos y aprender cosas nuevas se ve comprometida cuando su cuerpo está sobrecargado por la excitación o el nerviosismo. Mantener al perro bajo el umbral de estrés favorecerá su autocontrol y su capacidad de aprendizaje.

Mendigar

A las personas impulsivas les cuesta esperar y a menudo reaccionan sin pensar. Esto es especialmente cierto en los perros cuando se trata de comida. Los perros que agarran las golosinas, se zambullen en sus cuencos de comida o suplican en la mesa pueden ser especialmente difíciles de controlar. ¿Cuándo fue la última vez que disfrutaste de una comida en casa sin que un par de ojos suplicantes te miraran fijamente?

Si tienes un perro con el hábito de mendigar comida, puede que haya llegado el momento de hacer algunos cambios que pueden conseguirse con unas sencillas técnicas de adiestramiento. Lo primero que debes preguntarte es si tú eres parte del problema. ¿Estableces un doble rasero al alimentar a tu perro con comida de la mesa y luego esperas que no te pida limosna? Mientras sigas dándole de comer de la mesa o reforzando esta conducta, por poco frecuente que sea, tu perro seguirá mendigando.

Así que si quieres disfrutar de una comida tranquila, puedes empezar a enseñarle una nueva rutina durante las comidas. Empieza creando una «línea invisible» y prepárale para el éxito enseñándole sin comida en la mesa para empezar e introduciéndola poco a poco.

Esta técnica también es mucho más fácil si ya has enseñado a tu perro una señal de «marcha atrás». Puedes enseñar a tu perro a caminar hacia atrás haciendo lo siguiente:

- Colócate frente a él con las piernas ligeramente separadas.
- Coloca un trozo de comida en el suelo entre sus piernas y anime a su perro a acercarse a tú y comérselo.
- Una vez que tu perro se haya comido la comida, dará unos pasos hacia atrás para volver a mirarte y, cuando lo haga, utiliza una palabra marcadora como «sí» y dale un trozo de comida de tu mano.
- Repite la secuencia, marcándole y recompensándole por retroceder.
- Cuando tu perro domine el comportamiento en esta fase, empiece a utilizar la señal «atrás» mientras camina hacia atrás.
- Después de repeticiones exitosas, puedes retrasar la recompensa hasta que retroceda un poco más. Una vez que

entienda lo que significa la señal, estará listo para aprender a permanecer detrás de la línea que le hayas marcado.

A continuación, enseña a tu perro a permanecer ahí:

- Elige un lugar alejado de la mesa y traza una línea invisible que no quieras que tu perro cruce hasta que hayas terminado de comer.
- Llévale detrás de la línea invisible, pídele que se quede y luego vuelve a la mesa y siéntate.
- Si vuelve a caminar hacia la mesa, pídele que retroceda hasta sobrepasar de nuevo la línea invisible.
- En ningún momento debe gritarle ni tocarlo de ninguna manera.
- Vuelve a sentarte y finge que comes mientras le elogias por permanecer detrás de la línea. Si vuelve a sobrepasar la línea, bloquéale suavemente con tu cuerpo y anímale a volver a colocarse detrás de la línea con la señal de «atrás».
- Cuando se mantenga constantemente detrás de la línea, puedes sacar algo de comida y empezar a comer. Prueba primero con comida fría y, poco a poco, ve introduciendo comida caliente y olorosa, más tentadora para su perro.
- Dependiendo de lo persistente que sea tu perro, esta técnica puede requerir tiempo y numerosas repeticiones, pero si eres constante, aprenderá que no puede cruzar la línea invisible hasta que termine la hora de comer. Puedes facilitarle la tarea de permanecer detrás de la línea dándole un juguete relleno de comida o un mordedor para que se entretenga mientras tú comes.
- Si tienes más de un perro, enseña esta técnica a cada uno por separado antes de juntarlos.

Entonces, ¿qué ocurre si tienes un perro que se siente demasiado tentado por la comida que hay en la mesa y le resulta demasiado difícil mantenerse alejado? La gestión es una buena opción. Ponlo en una jaula, detrás de una puerta para bebés o en otra habitación con un juguete interactivo mientras tú comes.

Si tu perro sigue teniendo problemas para controlar sus impulsos en torno a la comida, o en cualquier otra situación, puede deberse a que necesita otras salidas para entretenerse, incluido más ejercicio físico o estimulación mental. Los perros se concentran mucho en algo porque no tienen otra cosa en la que focalizar su atención. Comer, saltar, irrumpir en la puerta o llevarse cosas se convierte en algo altamente estimulante porque son las únicas actividades que rompen la monotonía del día. Para los perros que siempre tienen hambre, la anticipación y el consumo de comida es lo que les motiva. A estos perros les convendría hacer tres comidas al día en lugar de dos, o recibir la comida a través de juguetes que les supongan un reto, en lugar de tomarla directamente de un cuenco.

Dependiendo de la salud física de tu perro, deberías considerar la posibilidad de añadir un paseo o juego extra a su rutina diaria o incluso estudiar la posibilidad de participar en un deporte canino. Quemar el exceso de energía ayuda a aliviar el estrés y a concentrar la mente, pero ten siempre en cuenta que cuanta más energía gaste tu perro, más comida necesitará para mantenerse.

Los perros impulsivos suelen acabar en refugios, sobre todo si muestran un comportamiento reactivo o agresivo. Tener la mecha corta o no pensar antes de reaccionar suele meter en problemas a estos perros. La clave del éxito con los perros impulsivos es conseguir que piensen o realicen una tarea en la que les resulte fácil concentrarse. Si crees que tu perro tiene dificultades para aprender y le cuesta concentrarse, quizá sea el momento de llevarlo al veterinario, que puede descartar cualquier causa médica; y después inscribirlo en algunas clases con un adiestrador en positivo.

Saltar

La llegada de sus invitados es inminente y no hay tiempo para encerrar a tu perro en otra habitación. Suena el timbre, tu perro se vuelve loco y, en cuanto tus invitados entran por la puerta, se ven aplastados contra la pared por el exuberante saludo de un bulto de pelo lleno de energía.

Como he sido víctima de muchos saltos caninos, sé lo que se siente. Me han empujado, magullado, baboseado y casi me rompe el brazo un bulldog de ochenta kilos que saltó sobre mí cuando entraba por la puerta, me agarró de la muñeca y me llevó apresuradamente a su cama para perros. «No te preocupes», me dijo su cuidadora, «¡hace eso con todos los que le gustan!». Estoy segura de que lo dijo como un cumplido, pero yo estaba pasándolo demasiado mal como para sentirme halagada.

Me encantan los perros que saludan con energía, y siempre es un alivio como adiestrador ser recibido por un perro que se alegra de verme, pero no todos los perros que saltan están ansiosos de atención o contacto social; a veces, el comportamiento de salto puede ser la forma que tiene un perro de enfrentarse a un cambio en el entorno que le pone nervioso. Es bastante fácil reconocer a un saltador incómodo, sobre todo si sabes cómo reacciona tu perro ante gente nueva. Un saltador nervioso muestra un lenguaje corporal mucho más rígido que un perro que está emocionado por verte y puede mirar a los invitados con recelo cuando entran en su espacio.

A menudo se anima a los cachorros a saltar porque no hacen mucho daño cuando son pequeños, pero los perros adolescentes y adultos pueden hacer mucho daño a alguien saltando sobre ellos, por lo que enseñar a tu cachorro a no saltar es una habilidad importante. Si tienes un perro saltarín, hay formas de animarle a que se mantenga cuatro en el suelo. En primer lugar, puedes controlar su comportamiento colocándolo detrás de una puerta para bebés cuando vengan invitados. Esto es especialmente importante en el caso de perros nerviosos o si viene de visita un niño pequeño o una persona mayor y no puedes arriesgarte. En otras circunstancias, puedes enseñar a tu perro a saludar adecuadamente haciendo lo siguiente:

- Enséñale a mantener las cuatro patas en el suelo en todo momento con cada persona a la que salude, incluido tú. A veces, los dueños de mascotas refuerzan el comportamiento de saltar permitiendo que sus perros salten sobre ellos, pero regañándoles cuando saltan sobre otras personas. Debe haber una norma para todos.
- Dale a tu perro otra cosa que hacer, sobre todo en los momentos en que es más probable que salte, como cuando la gente llama a la puerta. La energía y la adrenalina que provocan los saltos tienen que encontrar otra salida, así que enséñale una actividad diferente cuando lleguen los invitados, como ir a buscar un juguete o correr hasta una colchoneta o una cama y quedarse allí hasta que se le indique que se baje. Esto requiere un cierto control de los impulsos y puede resultar difícil para los perros excitables, pero si haces que el aprendizaje sea divertido y refuerzas el éxito con recompensas motivadoras, conseguirás el comportamiento que deseas.
- Enseñar a tu perro señales para encontrar comportamientos alternativos es clave. Un perro sentado no puede saltar, así que recurra a familiares, amigos y vecinos para que le ayuden a practicar el saludo sentado. Alinea a sus voluntarios y acérquese a cada uno con su perro con correa. Si salta, simplemente gira en la otra dirección, aléjate unos pasos, date la vuelta y vuelve a acercarse. Si se acerca a una persona y se sienta, préstale atención y dale una recompensa secundaria, como comida o un juguete, por obedecer.
- Empieza enseñando estos conceptos básicos en un entorno tranquilo antes de llevarlo al lugar donde suele producirse el comportamiento de salto, que en la mayoría de los casos es junto a la puerta de entrada.
- Una vez que tu perro se siente sistemáticamente cuando una persona entra por la puerta, introduce estímulos auditivos que le estimulen, como llamar a la puerta o que suene el timbre. Espera a que se calme antes de abrir la puerta y dejar entrar a alguien para saludarle. Si salta, el invitado se dará la vuelta y se irá, y la recompensa

secundaria desaparecerá. Si se sienta, recibe atención y una recompensa. Practica sin correa solo cuando haga lo que le pides y espera siempre que se produzcan fallos, ya que son parte normal del proceso de aprendizaje.

Si tu perro desconfía de los extraños, mantén a todos a salvo y cómodos manteniéndolo detrás de una puerta para bebés o en su zona segura hasta que los invitados se hayan instalado. Si es desconfiado pero sociable, permítele saludar tranquilamente, pero si prefiere su propio espacio, dale un juguete y déjalo en su zona.

No le tires del collar, ni le grites, ni le des descargas eléctricas, ni le reprendas físicamente por saltar. Aunque estas acciones pueden corregir el comportamiento en ese momento, en realidad no enseñan nada al perro y, por lo general, seguirá saltando cuando se presente una situación similar. Enseñarle qué hacer en su lugar le animará a tomar mejores decisiones la próxima vez que sienta la necesidad de saltar.

Reactividad

Todos los animales reaccionan de forma diferente ante cosas distintas. Damos a nuestros cachorros y perros las habilidades vitales que necesitan para comportarse adecuadamente en distintas situaciones, pero a veces los perros muestran una intensidad en su reacción que es difícil de manejar. Puede resultar difícil convivir con un perro que se abalanza sobre otros perros o ladra a la gente que pasa. Aunque sepamos por qué se producen estos comportamientos, sigue siendo frustrante y potencialmente peligroso.

¿Qué es exactamente la reactividad y por qué empezamos a ver estos comportamientos en perros adolescentes? Sin duda, las hormonas y la maduración del organismo desempeñan un papel importante, pero los perros jóvenes también pueden reaccionar negativamente ante cosas que perciben como amenazantes, aunque a nosotros no nos lo parezca. La veterinaria Karen Overall explica que «los perros reactivos responden a estímulos normales con un nivel de intensidad superior al normal. Los comportamientos [...] utilizados para determinar la reactividad (o excitación) son el estado de alerta, la inquietud, la vocalización, los efectos sistémicos, los comportamientos de desplazamiento y los cambios en los comportamientos solícitos».[1]

Los perros temerosos tienden a necesitar más tiempo para pensar cuando se trata de evaluar una situación. Este es el momento en el que decimos que están «bajo el umbral», que su estrés no se ha acumulado hasta el punto de sobrepasarlo y reaccionar. Los perros son pensadores visuales y los perros nerviosos prefieren acercarse a una situación social voluntariamente en lugar de ser presionados para interactuar. Si la presión es excesiva o el perro no está interesado en la interacción social, reaccionará.

¿Tu perro adolescente se muestra inquieto en determinadas situaciones? ¿Ladra, se queja, orina, defeca o vocaliza de forma inapropiada? ¿Se lame excesivamente, gira en círculos o se persigue la cola? ¿Salta hacia ti o hacia otras personas, arremete contra otros perros con la correa o corre arriba y abajo por el perímetro de la valla? Si la respuesta es afirmativa a cualquiera de estos comportamientos, es posible que tu perro esté reaccionando de forma exagerada a cosas que no deberían justificar una reacción tan intensa, al menos desde nuestro punto de vista. Nosotros podríamos considerar que la intensidad es anormal, pero para tu perro tiene todo el sentido del mundo.

«Reactividad» se ha convertido en un término popular para describir este tipo de comportamientos intensos, pero también se utilizan otros términos para describir a los perros que reaccionan de forma exagerada. La gente llama a sus perros «saludadores frustrados» y «reactivos a la correa» o dicen que sufren «frustración de barrera» si sus perros ladran detrás de una valla o similar.

Por qué algunos perros reaccionan de forma exagerada

Los perros que saludan de forma inadecuada pueden embestir, ladrar o saltar a otros perros o personas porque no se les ha enseñado un saludo cortés. Pueden frustrarse porque la correa les retiene, les quita autonomía y les impide actuar con naturalidad. Del mismo modo, un perro reactivo a la correa puede ponerse nervioso y reaccionar para alejar de sí los estímulos que teme.

El perro que ladra y corre arriba y abajo por el límite de su valla podría estar haciéndolo porque se aburre o teme a las personas del otro lado. Puede estar advirtiéndoos de que os mantengáis alejados o diciéndote que alguien está a punto de invadir tu territorio. Los perros que están «contenidos» detrás de vallas eléctricas pueden ver y oír estímulos más allá de los límites. Esto les anima a ladrar y perseguir objetos en movimiento, como coches o bicicletas. Puede que persigan estos estímulos para alejarlos de su propiedad o que los persigan porque es un juego divertido y reforzante.

Este tipo de comportamiento reactivo no deberían definir la personalidad de tu perro. Las etiquetas colocan a los perros en grupos estereotipados y a menudo nublan la percepción y la comprensión que las personas tienen de sus propios perros. Pero independientemente de las etiquetas que se utilicen, los comportamientos intensos y reactivos pueden ser peligrosos tanto para los perros como para las personas y deben ser abordados de inmediato por un adiestrador canino certificado y un profesional del comportamiento.

Los perros reactivos no son malos. Simplemente muestran comportamientos problemáticos y problemas emocionales que deben abordarse mediante técnicas de adiestramiento y gestión positiva. A veces, el comportamiento reactivo puede convertirse en agresivo, sobre todo si el perro es inseguro o no entiende o no se siente cómodo en una situación social. La agresividad también puede ser provocada por un perro socialmente maduro que no ve con buenos ojos que un adolescente alocado, ladrador y agresivo se acerque a él, aunque solo sea para saludarle.

No toda la reactividad está basada en el miedo. Algunos perros aprenden a reaccionar de forma exagerada por sí mismos o viendo a otros perros. Es normal que los perros que viven en hogares con varios miembros adopten comportamientos positivos y negativos de sus compañeros. También es habitual que los perros sean autodidáctas.

Por ejemplo, el perro que ladra al cartero o al repartidor cuando entrega un paquete en el buzón o en la puerta de casa. El perro espía al intruso y ladra cuando el repartidor se acerca a la casa. Una vez entregado el correo o el paquete, el repartidor se aleja hacia la casa de al lado. Mientras se aleja, el perro sigue ladrando hasta que el hombre se pierde de vista. Lo mismo ocurre todos los días a la misma hora. El perro recibe un refuerzo constante por ladrar porque el hombre se aleja de la casa cada vez que el perro ladra. Al perro no le importa si el hombre se aleja por algún motivo que no sea el ladrido del perro; alejarse significa que el perro ha hecho su trabajo. Puede que el perro sintiera algo de estrés al principio, cuando el repartidor se acercó a la casa, pero el refuerzo diario que recibe por haber tenido éxito es suficiente para que espere junto a la ventana a que el repartidor vuelva a venir. El refuerzo positivo refuerza el aprendizaje, incluso cuando se trata de algo que tú no quieres que aprenda.

Gestión del adolescente reactivo

Los perros reactivos deben ser examinados por un veterinario para asegurarse de que no reaccionan por dolor u otras razones médicas. Si no existe una causa médica, el veterinario puede recomendar medicación u otras terapias naturales para reducir el estrés del perro. Una vez que haya determinado que no existe ningún problema de salud subyacente, puede pasar a la gestión.

Algunos perros reactivos viven muy felices si solo se les controla porque nunca se les pone en una situación en la que se encuentren con el estímulo que desencadena el comportamiento. Esto puede ser fácil de aplicar siempre que se mantenga la coherencia. Puedes utilizar puertas para bebés, puertas, barreras acústicas y visuales para separar a tu perro del estímulo. Puedes darle juguetes para resolver problemas que le distraigan y le den otra cosa que hacer, o utilizar arneses o bozales para mantener su seguridad y la de los demás cuando esté fuera.

En los casos de reactividad, aparte de las herramientas físicas como bozales y correas, la herramienta más fácil de utilizar es el espacio. Mantener a un perro a cierta distancia de los estímulos problemáticos puede disminuir o incluso eliminar el comportamiento problemático. La clave está en encontrar la distancia crítica de tu perro, o la distancia a la que percibe, procesa y responde a los estímulos.

Formar al adolescente reactivo

Aquí es donde vuelvo a recomendar que acudas a un entrenador en positivo certificado para que te ayude, porque definir el estímulo desencadenante exacto y trabajar en estrategias para cambiar el comportamiento es vital y tiene que hacerse de forma correcta y segura.

Si tu perro saluda de forma frustrada, el adiestrador trabajará contigo para enseñarle a saludar adecuadamente, lo que puede llevar algún tiempo dependiendo de lo intensa que sea su reacción. Si tu perro no tiene miedo a los demás, el éxito es muy alto, ya que la mayoría de los perros solo necesitan aprender las normas de un saludo educado. Reaccionar por miedo podría suponer un riesgo potencial de mordedura ante el estímulo desencadenante, por lo que hay que hacer hincapié en la seguridad mientras se pone en marcha un plan de modificación del comportamiento.

Hay tres puntos de umbral que son diferentes para cada perro:

- El umbral sensorial es el punto en el que el perro es consciente del estímulo.
- El umbral de aversión es el punto en el que el perro encuentra el estímulo aversivo de alguna manera.
- El umbral de respuesta es el punto en el que el perro siente que debe responder al estímulo.

Algunos perros encontrarán algo aversivo a gran distancia, mientras que otros necesitan estar más cerca del estímulo para sentirse incómodos. Algunos perros responderán inmediatamente y otros tardarán un poco en hacerlo. De tú depende encontrar el umbral sensorial de tu perro y trabajar dentro de su nivel de comodidad.

Las técnicas de modificación del comportamiento ayudarán a que tu perro se sienta diferente ante algo que antes le incomodaba. Lo bueno del adiestramiento en positivo es que puede hacerse sin recurrir a técnicas contundentes e intimidatorias, pero hay que hacerlo bien y con un profesional cualificado.

Esterilización

Esterilizar significa extirpar los órganos reproductores de un perro, lo que da lugar a su esterilización. La esterilización de las hembras se denomina castración, y la de los machos, castración, pero la castración también se refiere a ambos sexos.

Cuando se esteriliza a una perra, se le extirpan los ovarios y el útero mediante incisiones practicadas en el abdomen. A algunas perras solo se les practica una ovariectomía (extirpación de los ovarios únicamente), que puede realizarse por laparoscopia. En los machos, se extirpan ambos testículos del escroto mediante una pequeña incisión. En muchos países, la esterilización de los perros es poco común, a menos que el procedimiento se considere médicamente necesario, pero en los Estados Unidos, la esterilización es una práctica común principalmente como medio para el control de la población.

La mayoría de los veterinarios recomiendan que la cirugía se realice cuando el perro tenga entre seis y nueve meses de edad, antes de que alcance la madurez sexual. Otros recomiendan no esterilizar a los perros hasta que hayan alcanzado la madurez sexual, en torno a los dos años de edad, pero muchos refugios y rescates están castrando a perros menores de seis meses como forma de garantizar que los perros que abandonan el rescate nunca puedan reproducirse.

Aunque prácticamente todo el mundo está de acuerdo en que la esterilización de los perros es el mejor medio de control de la población, los expertos siguen sin ponerse de acuerdo sobre la mejor edad para castrarlos y sobre cómo repercute la esterilización en la salud física y mental del perro.

La esterilización precoz puede solucionar los inconvenientes de un ciclo de celo y puede prevenir ciertas enfermedades, como el cáncer de mama, pero también puede privar a los perros de las hormonas necesarias para el crecimiento normal del esqueleto y el cierre de los cartílagos de crecimiento.

La castración de los perros macho elimina un pequeño riesgo de cáncer testicular y reduce también el riesgo de trastornos prostáticos no cancerosos. Puede reducir el riesgo de fístulas perianales y diabetes, pero aumenta significativamente el riesgo de osteosarcoma (un cáncer óseo frecuente en razas medianas y grandes) si se realiza antes del año de edad. Puede triplicar el riesgo de hipotiroidismo, deterioro cognitivo geriátrico y obesidad, así como causar problemas en el crecimiento óseo si se realiza demasiado pronto.

La esterilización de las perras reduce en gran medida el riesgo de tumores mamarios si se realiza antes de los dos años y medio de edad. Los tumores mamarios son los tumores malignos más frecuentes en las perras. Casi elimina el riesgo de piometra (una infección del útero), que afecta a alrededor del 23% de las perras intactas, reduce el riesgo de fístulas perianales y elimina el pequeñísimo riesgo de tumores uterinos, cervicales y ováricos. La esterilización puede aumentar significativamente el riesgo de osteosarcoma si se hace antes del año de edad, así como de otros cánceres y problemas cardíacos. He visto bastantes perras que tienen «incontinencia urinaria de castración», así como infecciones recurrentes del tracto urinario.

Efectos sobre el comportamiento

También se han estudiado ampliamente los efectos de la esterilización sobre el comportamiento. Algunos efectos positivos sobre el comportamiento son la reducción de la vagancia, el marcaje con orina y la monta en los perros macho. En contra de la opinión generalizada, los estudios parecen indicar que la esterilización podría aumentar ligeramente el comportamiento agresivo, temeroso y reactivo, así como provocar sensibilidad al ruido en algunos perros. Algunos expertos creen que estos efectos adversos en el comportamiento pueden deberse a la pérdida de hormonas que provoca un estado emocional conflictivo.[2]

Marcado del olor

Los cachorros tienen accidentes en el baño incluso cuando están adiestrados, y esto puede ser increíblemente frustrante para ti. Pero por muy molesto que sea, no culpes a tu cachorro. Los cachorros no son testarudos ni rencorosos si tienen un accidente, sino que puede que se olviden, se encuentren mal o estén respondiendo a algún tipo de estrés o cambio en su entorno. Depende de ti averiguar la causa, aliviar el estrés de tu cachorro y enseñarle lo que quieres que haga.

Hay muchas razones por las que los perros hacen sus necesidades en casa, y una de las más comunes no es ningún accidente. El marcaje con olor no es lo mismo que un problema de adiestramiento. Los perros que marcan con su olor suelen dejar orina en muchos lugares diferentes de la casa y fuera de ella en pequeñas cantidades. Los accidentes de aseo suelen producir grandes cantidades de orina en una sola zona.

Una vez que hayas descartado cualquier causa médica para el comportamiento, es el momento de abordar el marcado con olor. No es algo fácil de detener, pero ayuda entender por qué los perros marcan con el olor y cómo puedes detener la necesidad de hacerlo.

El marcaje con olor se produce cuando tu perro deja orina, heces u otros fluidos corporales en un objeto, en el aire o en el suelo. Cualquier objeto, mueble, arbusto, piedra, animal o persona puede marcarse, y los perros lo hacen de distintas maneras. Los machos tienden a levantar una pata y marcar superficies verticales. Las hembras a veces levantan una pata, pero tienden a ponerse en cuclillas y dejar una gota de orina en el suelo.

Los perros machos y hembras también marcan con heces, dejando la caca en un matojo de hierba o en una piedra, un lugar perfecto cerca de la altura de la nariz para que otros perros se acerquen y olfateen esta bandera olfativa. Esto se conoce como síndrome del perro pequeño, pero se sabe que algunos perros pequeños, como los chihuahuas, levantan las patas mientras rocían orina o caca, dejando su tarjeta de visita más alta para que sea más fácil de leer para otros perros y tal vez engañando a los olfateadores del vecindario que un perro más grande estaba en la zona.

Los perros pueden ser muy ingeniosos a la hora de marcar objetos, sobre todo cuando se trata de una persona. La persona que está en un corral viendo jugar a su perro o charlando distraídamente con un amigo puede no darse cuenta de que un perro se acerca y levanta una pata para rociar sus zapatos. Alguien sentado en el sofá puede confundir el marcaje con que el perro está siendo cariñoso cuando pasa a su lado o frota la cara o el cuerpo contra sus piernas. Los gatos no son los únicos animales que difunden su olor frotando la cara contra ti.

Se sabe que los lobos marcan el territorio orinando en las líneas fronterizas, pero los perros tienden a marcar y contramarcar zonas aisladas donde han estado otros perros, zonas elevadas u objetos, en lugar de marcar su territorio. Sin embargo, hay algunos perros de trabajo que marcan sus límites territoriales con orina. Los perros pastores de Anatolia, en Namibia, advierten a los guepardos y otros animales salvajes de que se mantengan alejados de los rebaños de cabras u ovejas que protegen orinando en arbustos, rocas y otras zonas elevadas alrededor del rebaño mientras se alimentan. Estos límites cambian a medida que el rebaño se desplaza y el perro se desplaza con ellos. Los depredadores tienden a mantenerse alejados de estos perros que utilizan el olor y su gran tamaño para intimidar.

Jasmine es una marcadora y sigue a Sadie de paseo, orinando en todo lo que orina Sadie. Tal vez ambas estén dejando información sobre la otra para que los perros del vecindario la olfateen más tarde.

Otros problemas de aseo

Si tu perro hace sus necesidades en casa y se descarta la posibilidad de que esté marcando con olores, es posible que exista una razón médica para este comportamiento. Un chequeo en la consulta del veterinario ayudará a descartar muchas afecciones médicas diferentes que contribuyen a los problemas de adiestramiento en casa, como enfermedades gastrointestinales, infecciones de orina, insuficiencia renal o disfunción cognitiva canina.

Si tu perro no presenta ningún problema de salud, debes preguntarte si ha ocurrido algo importante en las últimas semanas o si el entorno de tu perro ha cambiado recientemente. ¿Te has mudado o alguien ha entrado o salido de casa? ¿Has tenido otra mascota o la has perdido? ¿Ha habido algún desacuerdo familiar que pueda afectar al comportamiento de tu cachorro o perro? Los perros son criaturas exigentes y a menudo se ven afectados por cambios en su entorno, como mudanzas, cambios en la vida familiar (humana y animal), cambios en la rutina (nutrición, ejercicio, enriquecimiento) o la adición de métodos y herramientas de adiestramiento aversivos.

Lo siguiente que hay que tener en cuenta son los hábitos de tu perro a la hora de ir al baño. ¿Solo hace sus necesidades durante las tormentas o cuando tú te marchas? ¿Hace sus necesidades cuando llegas de pasear o del patio? ¿Se escabulle para hacer sus necesidades en el mismo sitio? Encontrar un patrón puede ayudar a identificar la razón por la que su perro hace sus necesidades. Por ejemplo, a los perros se les incita a ir donde otros perros han hecho sus necesidades y el amoniaco puede desencadenar esta respuesta. Dado que muchos limpiadores domésticos utilizan esta sustancia química, busca un limpiador enzimático y natural.

La mejor forma de fomentar el uso adecuado del retrete es volver a los principios básicos del control de esfínteres:

supervisión activa, manejo cuidadoso, una rutina constante y un poco de entrenamiento. Empieza con un buen horario para ir al baño que le permita salir al exterior cada hora. Sácalo a la calle para que haga sus necesidades después de despertarse, comer, beber en exceso, jugar, entrenar, echarse la siesta y si observas el «baile del orinal» (olfatear, dar vueltas, encorvarse o levantar la pata). Anima a tu perro a ir al baño con una señal verbal como «ve al baño»; si dices esta señal mientras tu perro hace sus necesidades, asociará la palabra con la acción. Cuando termine de hacer sus necesidades, elógialo y permanece fuera al menos unos minutos. De este modo, tu perro no asociará el hacer sus necesidades con el hecho de entrar en casa y poner fin a la diversión.

Si sorprendes a tu perro haciendo sus necesidades dentro de casa, interrúmpelo verbalmente y llévalo fuera para que termine. Intenta no asustarlo con la interrupción para que se sienta seguro de hacer sus necesidades delante de ti cuando estéis fuera. Si no has sorprendido a tu perro haciendo sus necesidades, ya es demasiado tarde para reconducirlo y nunca debes restregarle la nariz en sus heces u orina. El castigo provoca un estrés que puede incitar al perro a hacerlo más. El castigo también enseña a tu perro que hacer sus necesidades delante de ti tiene malas consecuencias, por lo que hacer sus necesidades a escondidas es mucho más seguro. Si tu perro no hace sus necesidades con correa pero le encanta pasear, sácalo con correa por la mañana (incluso en el jardín si tienes) y elógialo por ir al baño con la correa puesta.

Dale de comer a horas fijas para que puedas predecir cuándo necesitará ir al baño, y limita el agua a partir de cierta hora de la tarde si tu perro tiene accidentes por la noche. Los cubitos de hielo pueden ayudar a tu perro a ingerir agua a un ritmo más lento sin dejar de saciar tu sed. Disminuye gradualmente la frecuencia de las salidas al exterior a medida que tu perro vaya adquiriendo control. Sigue un programa que establezca una rutina predecible y fiable, y sé paciente y sensible a medida que vaya aprendiendo.

Reorganiza o controla el entorno de tu perro para que tenga éxito y mantén tu casa libre de pipís y cacas. Supervisar activamente a tu perro es la clave del éxito del adiestramiento para ir al baño, pero supervisión significa vigilarlo todo el tiempo. Si no puede supervisar activamente a tu perro, tendrás que encerrarlo o confinarlo en un espacio más pequeño. Utiliza correas, puertas para bebés, baños y jaulas para confinarlo cuando no puedas supervisarlo; sin embargo, asegúrate de que haga suficiente ejercicio y reciba estimulación mental cuando no esté confinado para evitar comportamientos destructivos y la soledad. Los juegos mentales, los rompecabezas y el juego son un buen punto de partida.

Montar o «humping»

El «humping» es un comportamiento muy incomprendido. Muchos propietarios piensan que es una actividad puramente sexual, pero la monta y el «humping» se producen cuando los perros se excitan y se ponen ansiosos, lo cual no tiene nada que ver con el sexo. Por lo general, se produce cuando un perro monta a otro y mueve el trasero de forma repetitiva. Este comportamiento se considera normal durante el juego, pero puede ser anormal cuando se lleva al extremo en otras circunstancias.

Muchos perros se encorvan de excitación cuando una persona o un compañero de casa llega a casa. Otros lo hacen porque su comportamiento ha sido condicionado y reforzado a lo largo del tiempo. Sea cual sea la causa, a la mayoría de las personas les molesta y avergüenza que sus perros monten cosas o a personas. Puede resultar simpático cuando un cachorro lo hace, pero se convierte rápidamente en un problema grave a medida que crece. Si no quieres que tu cachorro lo haga, debes romper el ciclo de refuerzo en esa situación. Desgraciadamente, el hecho de montar suelen reforzarse por sí solo sin intervención humana, por lo que hay que hacer lo posible para evitarlo en cualquier situación. Empieza por identificar las situaciones en las que se produce y elabora un plan para prevenir el comportamiento mediante soluciones de gestión a corto plazo.

Soluciones de gestión

Una de las mejores formas de resolver un problema de «humping» es gestionar el entorno para que tu perro no tenga acceso a lo que le gusta montar. Cuando un perro no puede practicar un comportamiento, es probable que este se extinga. He aquí algunas formas de controlar el entorno de tu perro:

- Apártalo por completo colocando una barrera entre él y la persona, los animales o el objeto que le gusta montar. La barrera puede ser una puerta para bebés, una jaula o una puerta.
- Mantén a tu perro alejado del estímulo llevándolo atado o con correa cuando el estímulo esté presente.
- Elimina por completo el estímulo pidiendo a un visitante que se aleje de tu perro.
- Proporciona otro estímulo (golosinas o un juguete).
- Considera siempre la posibilidad de consultar a tu veterinario, ya que puede ser un trastorno compulsivo o una forma de aliviar la ansiedad.

Soluciones de formación

Muchos dueños se quejan de que sus perros se montan, pero rara vez saben qué les gustaría que hiciera su perro en su lugar. Puedes frenar el «humping» haciendo lo siguiente:

- Una vez que hayas comprobado que no se deben a una enfermedad grave, concéntrate en otra cosa que tu perro pueda hacer en lugar de montar.
- Controlar esta conducta es clave para evitar el refuerzo. Si tu perro lo hace por aburrimiento, proporciónale un

entretenimiento adicional que lo sustituya proporcionándole otras salidas.

- Enséñale comportamientos de sustitución. Puedes enseñar a tu perro a encontrar un juguete o a buscar comida mientras se encuentra en la misma zona que la persona u objeto que le gusta montar. Esto desviará su energía hacia algo más apropiado.

¡Mío!

Empieza a enseñar a tu cachorro a soltar objetos de la boca cuando se lo pidas, en cuanto llegue a tu casa. Si tu cachorro o perro adulto coge un objeto y huye de ti, procura no correr tras él ni mostrarte conflictivo y amenazador porque empeorarás mucho la situación. Perseguir es un juego divertido para algunos cachorros, y si este juego es estimulante, encontrarán más oportunidades para jugarlo.

Convierte la confrontación en un juego de intercambio enseñando las señales «cógelo» y «suéltalo», y tu perro se sentirá mucho mejor al entregar un objeto. Así se enseña:

- Empieza con un juguete de poco valor y preséntaselo. Cuando abra la boca para coger el objeto, dile «cógelo».
- Deja que tu cachorro juegue con el objeto durante un rato y, a continuación, enséñale un juguete similar que tú tenga escondido. Cuando tu cachorro suelte el objeto que tiene en la boca, dile «suéltalo» y recompénsale con el que tienes en la mano, diciéndole «cógelo».
- Repite este ejercicio hasta que tu cachorro responda bien a tus señales. Cuando domine la técnica, puedes ir aumentando gradualmente el número de juguetes y objetos más atractivos para él.
- Si te encuentras en una situación de crisis y tu perro no quiere soltar el hueso o el mando a distancia que ha estado mordisqueando, prueba a jugar al juego «ve a buscarlo» descrito anteriormente:

- Empiecza dejando pequeñas golosinas en el suelo, donde tu cachorro pueda verlo, y dile que «vaya a buscar» las golosinas.
- Deja caer las golosinas en el lado opuesto al suyo, de modo que tu cachorro tenga que pasar corriendo por delante de ti para llegar a la comida. Recoge suavemente el objeto mientras come.
- Puedes ayudar a tu cachorro a que le guste el juego de «ve a buscarlo» enseñándole el juego en circunstancias normales para que no lo asocie solo con coger algo que no debe.

Este ejercicio no recompensa a tu cachorro por robar algo, sino que reduce su percepción de la amenaza, centra su mente en algo que le hace sentir bien y evita que ambos os pongáis en una situación que podría ser peligrosa. La mejor forma de evitar que tu cachorro guarde un objeto es gestionar su entorno para que no tenga la oportunidad de coger cosas que no debería y enseñarle que soltar cosas de la boca es algo positivo y divertido. Si tu cachorro coge comida y no la suelta, resiste la tentación de gritarle. Si la comida no le va a hacer daño, aléjate y deje que se la coma, pero si se trata de un objeto doméstico o de algo que podría hacerle daño si lo ingiriera, aplica una distracción llamando al timbre o sacando la correa para indicarle un paseo. Esto suele centrar la mente del cachorro en cosas mejores y le anima a soltar el objeto, ya que ahora espera algo más emocionante.

Entrenamiento con bozal

Todos los perros, independientemente de su temperamento, deben aprender a llevar bozal. La etapa de cachorro es el mejor momento para empezar a habituar a los cachorros a que se les manipule la cara y la boca, así como para que se sientan cómodos con la sensación de tener algo en la cara que restringe el movimiento de la boca. Esto es especialmente importante no solo para las visitas al veterinario, en las que incluso los perros más dóciles pueden reaccionar mal, sino para cualquier situación en la que un perro pueda sentir miedo o dolor y reaccionar negativamente.

Aunque los bozales son herramientas de seguridad vitales, también pueden causar un estrés incalculable a los perros que no están acostumbrados a llevarlos. La repentina restricción del movimiento facial y el confinamiento de la boca pueden causar pánico en el más tranquilo de los perros, ya que se les quita su principal método de defensa. No solo eso —ciertos bozales pueden restringir la respiración— por lo que es muy difícil para los perros a respirar normalmente y para refrescarse.

Enseñar a cualquier perro a llevar bozal debe ser un proceso lento y cuidadoso, ya que es especialmente importante hacer las cosas bien, sobre todo con perros nerviosos o a los que no les gusta que les toquen la boca o la cara.

Para empezar, asegúreate de elegir el bozal adecuado para tu perro. Esto parece de sentido común, pero es sorprendente la cantidad de bozales que he visto que no se ajustan correctamente o no cierran la boca completamente durante largos períodos de tiempo. Un bozal perfecto es el que se ajusta bien y con comodidad y no restringe las funciones naturales de su perro, como el jadeo. Un bozal de malla o de tela para peluquería es útil mientras se cepilla al perro o en el veterinario, pero solo debe utilizarse durante periodos cortos y solo debe llevarse cuando se pueda supervisar continuamente al perro. Los bozales que cierran completamente la boca pueden ser muy peligrosos, sobre todo cuando el perro hace ejercicio o se encuentra mal. Un bozal de cesta es la mejor opción para la mayoría de los perros y le permite abrir la boca para jadear, beber agua, tomar una golosina o vomitar sin peligro de aspiración.

No cometas el error común de ponerle el bozal solo cuando se encuentre en una situación o entorno que le incomode: en presencia de extraños o cuando haya ruidos fuertes, por ejemplo. La clave para una aclimatación satisfactoria es asociar el bozal a cosas buenas y experiencias divertidas, en lugar de convertir el bozal en el predictor de experiencias malas o aterradoras. Una vez hecho esto, podrá llevar el bozal cuando lo necesite.

Para ayudar a tu cachorro o perro adulto a adaptarse al bozal, quítaselo para que lo investigue y acompaña su investigación con una golosina o juguete favorito. No intentes ponerle el bozal en este momento. Simplemente enséñaselo, dale un premio y retira el bozal de la vista. No es necesario que utilices golosinas o juguetes de gran valor en esta fase, pero asegúrate de que estas cosas buenas solo ocurran cuando el bozal esté presente.

Cuando notes que tu perro se relaja o se excita al ponerle el bozal, estará listo para pasar al siguiente nivel. Sujeta el bozal alrededor del cuello de tu perro como lo harías con un collar normal. No pongas su hocico en el bozal en esta etapa, deja que esa parte del bozal cuelgue por debajo de su cabeza. Mientras el bozal esté ahí sujeto, sigue dándole sus golosinas favoritas, y deja de dárselas en cuanto se quite el bozal. Comienza sujetando el bozal durante periodos cortos de tiempo y aumenta gradualmente el tiempo de uso a medida que tu perro se sienta más cómodo.

Una vez que se sienta cómodo, es hora de empezar el proceso de habituarle a meter la nariz en la cesta del bozal. Para empezar, rodea la cesta con la mano y coloca dentro algo de comida. No fuerces a tu perro a meter la nariz en la cesta, deja que descubra a su ritmo cómo sacar la comida deseada del interior del bozal. Utiliza comida adicional que puedas introducir a través del bozal para mantener el hocico de tu perro voluntariamente en la cesta durante periodos cada vez más largos.

También puedes colocar el bozal en el suelo con un poco de mantequilla de cacahuete en su interior o algo apetitoso que pueda lamer y dejar que su perro meta la cabeza en él para llegar a la mantequilla de cacahuete. Esto proporciona un refuerzo más sostenido que las golosinas individuales. Recuerde recoger el bozal y guardarlo cuando haya terminado para que no empiece a morder el propio bozal.

Una vez que tu perro se sienta cómodo manteniendo voluntariamente la nariz dentro del bozal para recibir recompensas, puedes empezar a tocar su cabeza como si fueras a abrochar la correa, si hay una, mientras la nariz del perro está en el bozal. Sin embargo, no abroches realmente la correa, simplemente simula la sensación que experimentaría tu perro si la abrochara.

Una vez que tu perro se haya acostumbrado a este paso, puedes ajustar la correa sin apretarla y mantener el bozal puesto durante periodos muy cortos. Si estás usando con un bozal en forma de cesta, mantén un flujo de comida durante el tiempo que tu perro lo lleve puesto. Asegúrate de retirar el bozal antes de que se sienta incómodo o nervioso ante la nueva sensación.

Es importante que no pases demasiado deprisa por estas etapas, ya que cualquier progreso que hagas podría verse perjudicado si pasas una etapa demasiado deprisa y obligas a tu perro a hacer algo que no quiere. Si tu perro intenta quitarse el bozal, distráelo con su golosina favorita o un juego divertido y llévalo de paseo mientras lleve el bozal canasta. Quítale el bozal solo cuando tu perro no esté intentando quitárselo activamente con la cabeza o la pata.

Haz que el aprendizaje le resulte divertido. Tu objetivo final es que tu perro establezca una asociación positiva con el bozal. Este proceso de aprendizaje no debe producirse durante un único periodo de adiestramiento. Trabaja en sesiones de adiestramiento cortas y divertidas de unos diez o quince minutos cada una, y si notas que tu perro se agita, se frustra, se distrae o se siente incómodo en algún momento, tómate un descanso o vuelve al paso anterior y establece de nuevo la asociación. Continúa con un adiestramiento ligero y divertido y tu perro debería correr a meter la cara en el bozal cada vez que se lo pongas.

Proporcionar estimulación

El cerebro es el «músculo» más infrautilizado en los perros de compañía. Aunque los perros necesitan un ejercicio físico adecuado, muchas personas no enriquecen sus vidas con estímulos mentales y cognitivos. Esto se hace más evidente cuando un perro mascota está pasando por la adolescencia, y cuando la mayoría de la gente siente que el comportamiento de su perro es un verdadero desafío.

Abandonados a su suerte, los perros hurgan en la basura, cazan, vagan por el vecindario, se aparean con otros perros, marcan las cosas que son importantes para ellos y protegen los objetos de valor. No son comportamientos apropiados en el mundo humano, pero la falta de una estimulación adecuada puede llevar al desarrollo de comportamientos estereotipados, como ladridos incesantes, masticación inapropiada, hiperactividad y lamidos intensos.

La estimulación ambiental debe proporcionar al perro experiencias mentales y físicas positivas, pero no debe ser excesivamente estresante.

Resolver puzles puede ser altamente gratificante. Los perros que trabajan voluntariamente con rompecabezas u otras actividades enriquecedoras se sienten mucho más satisfechos porque el mero hecho de buscar algo es para ellos muy satisfactorio.

Los juegos olfativos, como el trabajo con olores y los juegos de «¡encuentra!» y «¡busca!» implican todo el ciclo del sistema de recompensa. El sistema de recompensa es un grupo de estructuras neuronales que incluye el deseo (el sistema de búsqueda) y el placer (el sistema de consumo). El sistema de búsqueda es una parte esencial del sistema de recompensa y una parte importante del bienestar emocional y conductual de todos los perros. El adiestramiento, el ejercicio, los rompecabezas con comida, los deportes caninos y otras actividades proporcionan estimulación física y mental a perros de todas las edades y son especialmente beneficiosos para los perros que tienen problemas de comportamiento.

EPÍLOGO
VIVIR EN ARMONÍA CON TU PERRO

Todo el mundo quiere que su perro sea un miembro amable, obediente y educado de la familia. Cuando los cachorros alcanzan la edad adulta deben dominar ciertos comportamientos, como caminar bien con la correa, sentarse cuando se les indica, tumbarse y acudir cuando se les llama. Los comportamientos que requieren el control de los impulsos son más difíciles para los perros jóvenes y existe la posibilidad de que desarrollen otros comportamientos problemáticos a medida que crecen.

Es una buena idea conseguir un entrenador positivo certificado para que te ayude si no lo has hecho ya. Un buen entrenador enseñará a tu perro más habilidades para la vida y podrá averiguar el porqué de un comportamiento en particular. Te proporcionará un plan de gestión y enseñanza eficaz para ayudarte a modificar los comportamientos no deseados y mejorar los comportamientos positivos. Encontraréis soluciones rápidas teniendo en cuenta dónde vives y adónde vas. También te ayudará a gestionar tus expectativas y trabajará contigo para encontrar soluciones para que tú y tu perro podáis vivir juntos en armonía.

Expectativas realistas

¿Qué esperas de tu perro en esta fase de su vida? ¿Quieres que salude a la gente educadamente, que haga sus necesidades fuera de casa, que te haga caso cada vez que le pidas que haga algo, que camine bien con la correa y que vuelva cuando le llames? ¿Quieres que tu perro sea un compañero para su familia, que proteja tu casa y que sea amable con otras personas y perros con los que se encuentre?

Quizá tu perro no pueda cumplir todas estas expectativas, pero enseñarle habilidades para la vida consiste en que se acerque a ellas. No olvides que, mientras enseñas a tu perro, él también viene con su propio conjunto de expectativas. Cuando traemos un perro a casa, asumimos una gran responsabilidad. El comportamiento de tu perro es una combinación de genética, aprendizaje y entorno, y nunca debes olvidar que está aprendiendo constantemente incluso cuando tú no le estás enseñando activamente. Cuando comprendas cómo perciben el mundo tu cachorro y tu perro adulto, te resultará más fácil apreciar por qué se comporta de una determinada manera. Tu perro no distingue el bien del mal a menos que se lo enseñes, porque piensa más en términos de lo que es seguro e inseguro. A ti te corresponde enseñarle lo que es y lo que no es aceptable en tu mundo.

Enseñar una alternativa

Si el comportamiento de tu joven perro sigue siendo demasiado difícil de manejar, crea un sistema de apoyo a tu alrededor. Tal vez tu perro pueda beneficiarse de unos días en una guardería canina, o puedes contratar a un paseador de perros para que te ayude con los paseos diarios. Si tu perro arremete contra otros perros en los paseos, trabaja con un adiestrador para enseñarle a usar bien la correa y a saludar, en lugar de saltarse los paseos. Si tu perro se desboca en el parque canino, no lo lleves al parque hasta que aprenda a jugar de forma más adecuada en entornos más tranquilos.

Ten siempre un comportamiento objetivo hacia el que trabajar. Cuando tu perro entienda lo que quieres que haga, empezará a ofrecerte comportamientos sin que tú tengas que pedírselos. Estos comportamientos estarán tan arraigados que formarán parte de su ritual. Cuando saco las correas de mis perros del cajón, por ejemplo, mis perros se quedan automáticamente tranquilos esperando a que les ponga las correas porque un paseo no empieza hasta que están tranquilos. Cuando llegamos al borde de una carretera, mis perros saben que tienen que esperar de pie junto al bordillo hasta que les diga que vamos a cruzar la carretera. Prefiero que se queden de pie, que es mucho más cómodo para ellos que tener que estar sentados todo el rato. Cuando alguien llama a mi puerta, Sadie va a buscar su juguete antes de saludar en lugar de meter el hocico entre las piernas para saludar.

Si vas a enseñar determinadas señales como «siéntate», «abajo», «ven» y «quieto», asegúrate de saber por qué las enseñas y no abuses de ellas. Las señales tienen una función importante:

- Sentarse es bueno para el autocontrol.
- Tumbarse es bueno para relajarse.
- Acudir cuando se le llama es una señal de seguridad importante.
- Caminar con correa de forma educada significa una vida de paseos agradables.
- «Espera» significa que no salgas corriendo por la puerta cuando la abra.
- «Atención» significa que me mires cuando te llame por tu nombre.
- «Suéltalo» mantiene seguro a tu perro cuando paseas fuera.
- «Ve al baño» enseña a tu perro a ir al baño cuando se le pide.

Saber lo que viene a continuación es vital para el éxito y la felicidad de tu mascota. Encontrar ese puente tan importante entre sus expectativas y las tuyas os permitirá vivir juntos con confianza. Un perro que sabe lo que se espera de él es mucho más bienvenido en nuestro mundo humano que uno que está fuera de control.

Ser testarudo

He perdido la cuenta del número de veces que he oído a gente llamar testarudos a sus perros. Si tu perro no responde a una señal, tienes que explorar el porqué en lugar de etiquetar y antropomorfizar su intención. Los perros no son «testarudos», pero a menudo los dueños de mascotas se apresuran a culparles, cuando en realidad sus perros no saben lo que se les pide o no se sienten cómodos haciendo lo que se les pide. Lo compruebo cuando los posibles clientes me dicen que sus perros se obstinan en frenar durante un paseo. Cuando observo el comportamiento, descubro que ocurre algo muy diferente. Algunos perros no se sienten bien mientras que otros se sienten inseguros fuera. A algunos perros no les gusta pasear cuando hace demasiado frío o demasiado calor.

Si tu perro no te responde, es posible que no te haya oído o no haya entendido lo que le pides que haga. Pregúntate si le has enseñado correctamente y si ha aprendido a responder en todo tipo de situaciones. Puede que tu perro se siente estupendamente en la cocina, pero que no extienda esa sensación a otros entornos. Es importante enseñarle a responder en todo tipo de situaciones y con distracciones, porque le resulta difícil escuchar cuando hay demasiadas cosas a su alrededor.

Sé el defensor de tu perro

Un perro seguro de sí mismo es un placer para la vista. La confianza es el sentimiento de seguridad en uno mismo que surge de la apreciación de las propias habilidades o cualidades. Puede determinar el nivel de confianza de tu perro observando su lenguaje corporal y cómo responde ante distintas situaciones. Es importante fijarse en su cabeza, cuerpo y cola para hacerse una idea completa de su estado emocional y observar sus señales corporales en contexto con el entorno en el que se encuentra en ese momento. Un bostezo puede significar que está cansado por la noche, pero también que está estresado durante el día, cuando está rodeado de niños que gritan.

Los perros seguros de sí mismos tienen orejas neutras, ojos suaves, cuerpo suelto y cola neutra o ligeramente levantada. Puedes reforzar la confianza de tu perro dándole opciones, gestionando su entorno, jugando con él, ayudándole a aprender y proporcionándole las habilidades vitales que necesita para tener éxito.

Sé consciente del lenguaje corporal de tu perro y protégelo de situaciones agobiantes. Tu perro no puede hablar por sí mismo, así que debes abogar por él. A Jasmine no le gusta que los niños se le acerquen, así que me aseguro de alejarme de las zonas donde es probable que haya niños y controlo su espacio si un niño quiere acariciarla. Sadie es una mariposa social con la gente, pero no se siente tan cómoda con otros perros, así que no la llevo a parques para perros ni a otros lugares donde sé que puede agobiarse. Si nos encontramos en una situación demasiado agobiante, nos damos la vuelta y salimos rápidamente. He enseñado a mis dos perros una «vuelta en forma de U de emergencia» que se puede utilizar si nos encontramos en una situación incómoda. He enseñado la señal de «giro» de forma divertida y positiva y la utilizo en todo tipo de situaciones divertidas para que se convierta en una acción positiva que se refuerza cuando nos divertimos. Como hemos practicado tanto esta señal cuando los perros están relajados, es muy eficaz cuando los perros están estresados. La señal es predecible y, una vez que la digo, mis perros saben que deben darse la vuelta conmigo y caminar en otra dirección, alejándose de una situación potencialmente abrumadora.

Hacer tiempo

Soy una persona ocupada. Además de rodar mis diversos programas, tengo un negocio que me ocupa mucho tiempo. También soy madre y, cuando no estoy de viaje, las necesidades de mi hija tienen prioridad sobre todo lo demás. Tengo un equipo que trabaja conmigo, pero mi carga de trabajo sigue siendo enorme y es difícil encontrar tiempo para hacerlo todo. No me quejo, pero creo que a veces mis perros sí lo hacen.

Nunca me he sentido cómoda con la idea de que los perros no estén presentes en mi día a día. Admito que hay veces en las que no me apetece sacarlos a pasear o jugar con ellos; hay muchas otras cosas que tengo que hacer y sería mucho más fácil si dispusiera de esas horas extra al día para hacerlas. Sin embargo, no me siento bien hasta que mis perros han hecho ejercicio diario y se han atendido todas sus necesidades. Personalmente, no puedo concentrarme hasta que sé que están satisfechos, lo que significa que me aseguro de reservar una parte del día solo para ellos. Soy responsable de hacer que la vida de mis perros sea lo mejor posible, y animo a todos mis clientes a que intenten hacer lo mismo con la suya: dedicar tiempo a los animales es esencial para su salud física y mental.

Los comportamientos indeseables aparecen cuando los perros tienen pocas o ninguna salida diaria. Muchas personas traen perros a sus vidas por motivos egoístas y no dedican tiempo a satisfacer sus necesidades. En consecuencia, estos perros pasan largas horas solos sin nada que hacer, lo que les obliga a encontrar sus propias formas de hacer frente al aburrimiento. Con demasiada frecuencia, el perro aburrido muerde objetos domésticos, ladra sin control o se vuelve reactivo y ansioso. En última instancia, la receta para comportamientos problemáticos como éstos es fácil: un sencillo protocolo de modificación que incluye más enriquecimiento físico y mental. Aconsejar a mis clientes que utilicen las herramientas que les doy es la parte fácil, pero el seguimiento puede ser mucho más difícil.

Si has visto mi programa *Soy yo o el perro*, en muchas ocasiones me habrás visto sacudir la cabeza con desesperación cuando después de aconsejar a una familia sobre la importancia del estímulo y darles un plan de adiestramiento, vuelvo a un sinfín de excusas sobre por qué no lo han seguido. Lo que me sorprende es que se sientan ligeramente irritados porque su perro siga comportándose mal, como si de alguna manera fuera culpa mía. Estoy seguro de que habrá muchos adiestradores y otros profesionales de los animales leyendo esto que hayan tenido experiencias similares. Y cuando creo que ya he oído todas las excusas, siempre aparece otra más descabellada que la anterior.

Uno de mis clientes me dijo una vez que no quería que su border collie hiciera demasiado ejercicio porque así solo conseguiría más fuerza y resistencia y necesitaría más ejercicio. Esta perra ya estaba que se subía por las paredes en su hogar urbano y sin más salidas para su energía desbordante y su inteligencia supercanina, la pobre se volvería loca y se convertiría en una molestia aún mayor para su familia.

¿Aprobarías?

Si tu perro pudiera entrevistarte antes de que lo trajeras a casa a vivir contigo, ¿cómo le convencerías de que sois el hogar y la familia adecuados para que pase el resto de su vida con vosotros? ¿Habrías superado el proceso de entrevista? ¿Le habrías ofrecido todo lo que necesitaba? ¿Cómo crees que estás ahora a la altura de las promesas que le hiciste cuando era un cachorro?

Me encanta hacer estas preguntas a mis clientes porque les hace reflexionar sobre lo que tienen que ofrecer y lo que podrían mejorar. Conozco a muchos perros que podrían haber evitado vidas de interminable aburrimiento si hubieran tenido la oportunidad de entrevistar a una familia antes de ir a vivir con ellos. Si mis perras me sentaran y me dijeran lo que sienten por mí, estoy segura de que la mayor parte sería buena, pero fallaría en ciertas áreas aunque me darían una alta puntuación por intentarlo. Me dirían que les encantan sus paseos, pero no cómo evito que Jasmine se revuelque en caca de zorro o coyote. Mis perras probablemente me pedirían que pasara menos tiempo en el ordenador y más acurrucada con ellas. Sadie exigiría sin duda más comida, y ambas agradecerían una invitación permanente a la mesa. Jasmine me diría lo mucho que le gusta jugar con el palo y ambas me darían las gracias por quererlas tanto como yo y por darles un hogar seguro y confortable.

También me dirían que el enriquecimiento ha hecho que sus vidas sean divertidas, ya sea disfrutando de un paseo, jugando al tira y afloja, socializando con otros perros y personas, resolviendo los problemas que les planteo, masticando sus juguetes favoritos o comiendo la deliciosa comida que les proporciono. Les encantan las actividades en equipo, así como pasar tiempo tranquilos juntos. Encontrar el equilibrio adecuado ha ayudado a mis dos perras a lograr una estabilidad y ha hecho que nuestra vida juntos sea mucho más fácil.

Así, durante un ajetreado día de trabajo, mis perras dan un paseo por la mañana y otro por la tarde, o uno largo al día si no puedo dar los dos. Tienen un rato de tranquilidad para reponer fuerzas y luego un rato de juego, que puede consistir en un juego enérgico o en ejercicios de resolución de problemas, como esconderse y buscar. Todos los días tienen un juguete para masticar o hacer actividades que se rellena con parte de su ración diaria de comida, y el resto se les da durante las comidas a través de un juguete diferente y más complejo. Por la noche, disfrutan del placer simple pero muy querido de estar cerca y acurrucarse juntas.

Yo tengo suerte, porque en mi casa siempre hay alguien que puede asegurarse de que reciban lo que necesitan si yo no estoy, pero incluso si tu perro pasa más tiempo solo, hay formas de darle salidas adecuadas a lo largo del día. Paseadores de perros, guarderías, juguetes duraderos para masticar y música relajante son solo algunas de las formas de enriquecer su vida cuando tú no estás. Si trabajas fuera de casa todo el día, puedes intentar levantarte un poco antes por la mañana para que tu perro haga ejercicio y luego esconder juguetes y golosinas por la casa para que pueda cazarlos mientras tú estás fuera (hay que tener cuidado con el juego de «caza» y «vete a buscarlo» si tienes varios perros en casa, ya que pueden producirse desacuerdos por recursos como la comida y los juguetes). La combinación de estas dos actividades puede cansarle durante horas y es mucho más barata que contratar a un paseador o llevarlo a la guardería.

No soy la persona más organizada, pero me esfuerzo por ser el tipo de persona que creo que mis perras quieren y necesitan que sea. Parece que voy por buen camino, ya que las dos son muy felices. Sé que no siempre doy en el clavo, pero en lo que respecta al enriquecimiento, hago todo lo que puedo para asegurarme de que tienen tantas opciones y estímulos como necesitan. Esperé mucho tiempo antes de tener mis propios perros, porque quería darles la mejor vida posible. Mis perras me completan y mejoran mi vida, y me esfuerzo al máximo para hacer lo mismo por ellas.

A NUESTRA QUERIDA SADIE

Era inevitable, pero no queríamos afrontarlo. Este libro fue escrito con Sadie y Jasmine a mi lado, pero mientras lo escribía, sabía que mi querida Sadie se estaba apagando. Era la típica labradora, una perra guerrera que nunca mostraba dolor ni malestar, pero yo sabía que estaba sufriendo y que habíamos hecho todo lo posible por ayudarla. La vejez la había alcanzado y ya no podíamos ignorar el hecho de que había llegado su hora.

Nuestra querida nos miró con sus grandes ojos y supimos que teníamos que dejarla marchar. Habíamos luchado contra la artritis que la aquejaba desde hacía tanto tiempo y habíamos intentado controlar su dolor, pero estábamos perdiendo la batalla a medida que Sadie entraba en su decimosexto año, y sabíamos que su tiempo era limitado. En febrero, Sadie dejó esta vida rodeada de las personas que la querían y de su mejor amiga, Jasmine. Se fue en paz, con nuestras cabezas junto a la suya y nuestras manos tocando su hermoso pelaje marrón chocolate.

Poco después del fallecimiento de Sadie, Jasmine hizo lo de siempre y se subió al cuerpo de Sadie para tumbarse. Sin embargo, esta vez mi chihuahua de ojos brillantes y llena de energía estaba diferente. Jasmine fue muy lenta y tranquila y mientras se tumbaba, su cabeza descansaba tranquilamente entre sus patas delanteras. Se quedó así hasta que llegó la hora de que Sadie se fuera. Jasmine sabía que su amiga y ancla se había ido.

Descansa en paz, mi amada. Vives en nuestros corazones y en las miles de fotos y vídeos que te hicimos. Sonreímos ante todos los maravillosos cuadros, adornos, platos y artesanías que la gente nos envió a lo largo de los años con tu preciosa cara pintada en ellos y, sobre todo, atesoramos los recuerdos que tenemos de los once años que tuvimos la suerte de pasar contigo. Que todos los cachorros tengan tu energía alegre, tu bondad y disfruten del amor que tú tuviste, y que todos los que lean este libro aprecien todos y cada uno de los días que pasen con todos los cachorros que lleguen a sus vidas.

AGRADECIMIENTOS

Este libro ha sido una obra de amor, y no podría haberlo hecho sin mi maravillosa familia. Gracias a mi marido, Van Zeiler, y a mi hija, Alex Zeiler, así como a los amigos y familiares que me han apoyado a lo largo del camino. Gracias también a mi increíble editora, Lisa Westmoreland, y a todos en Ten Speed Press: no podría pedir un equipo mejor con el que trabajar.

Gracias a Aly Lecznar por ayudarme a investigar este libro y a todo el equipo de *Positively*, VSPDT, y VSA Academy US por inspirarme. A todos los graduados y estudiantes de VSPDT; estoy tan contenta de que hayáis decidido continuar vuestro viaje con nosotros, y estoy emocionada de que tantas personas y perros se beneficien de vuestros excepcionales talentos.

Hay tantas personas que me han motivado, así como perros y cachorros que me han enseñado tanto. Me siento infinitamente agradecida por haber trabajado junto a personas increíbles tanto en el mundo del adiestramiento como en el del rescate. Gracias por todo lo que hacéis para mejorar la vida de los perros. La bondad es realmente poderosa.

RECURSOS

Página web oficial: www.positively.com

Encuentra un entrenador: www.positively.com/trainers

Más información sobre adiestramiento y comportamiento canino: www.vsdogtrainingacademy.com

Compra un arnés *Positively No-Pull:*
www.positively.com/shop

Facebook: www.facebook.com/victoriastilwell

Twitter: @VictoriaS

Instagram: @VictoriaStilwell

BIBLIOGRAFÍA

Introducción

1. LoBue, V. *et al.*, «Young Hildren's Interest In Live Animals». *British Journal of Developmental Psychology* 31, n.° 1 (2012): 57-69.
2. Paulson S. et al., «El simio pensante: El enigma de la conciencia humana», *Anales de la Academia de Ciencias de Nueva York* 1303, n° 1 (2013): 4-24
3. Topal J., «Attachment Behaviour in Dogs: A New Application of the Ainsworth's Strange Situation Test». *Journal of Comparative Psychology* 112 (1998): 219-229.
4. Friedman E. *et al.*, «Animal Companions And One--Year Survival Of Patients After Discharge From A Coronary Care Unit». *Public Health Reports* 95, n.° 4 (1980): 307-312.

Antes del comienzo

1. Serpell, J., «Early Experience and the Development of Behaviour», en The Domestic Dog-Its Evolution, Behaviour and Interactions with People. Cambridge: Cambridge University Press, 1996: 79-102.

2. Íbid.
3. Gazzano, Angelo *et al.*, «Effects Of Early Gentling And Early Environment On Emotional Development Of Puppies», *Applied Animal Behaviour Science* 110, n.º 3-4. University of Pisa, 2008: 294–304.
4. Bray, Emily E. *et al.*, «Effects Of Maternal Investment, Temperament, And Cognition On Guide Dog Success». *Proceedings of the National Academy of Sciences* 114, n.º 34 (2017): 9128–33.
5. Coppinger, Lorna y Raymond Coppinger. *Dogs: A Startling New Understanding of Canine Origin, Behavior & Evolution.* Nueva York: Scribner, 2001.
6. Gazzano, Angelo *et al.*, «Effects Of Early Gentling And Early Environment On Emotional Development Of Puppies», *Applied Animal Behaviour Science* 110, n.º 3-4. University of Pisa, 2008.
7. Hekman, J. «Cómo el estrés de una madre puede influir en los cachorros no nacidos», *Whole Dog Journal*, 2018.
8. McMillan, Franklin D. *et al.*, «Differences In Behavioral Characteristics Between Dogs Obtained As Puppies From Pet Stores And Those Obtained From Noncommercial Breeders», *Journal of the American Veterinary Medical Association* 242, n.º 10 (2013): 1359-63.
9. Humane Society of the United States, «99 Percent of Puppies Sold in Pet Stores Come from Puppy Mills and Backyard Breeders», 2016.
10. Entrevista con Abigail Witthauer, Roverchase: www.roverchase.com, 2018.

Sus primeras veces

1. Colman S., «¿Puede un collar dañar la tiroides de un perro?». *Whole Dog Journal*, 2019.
2. Pauli A. M. et al., «Effects of the Application of Neck Pressure by a Collar or Harness on Intraocular Pressure in Dogs». *Journal of American Animal Hospital Association* 42, nº 3 (2006): 207-211.

3. Hallgren A., *Back Problems in Dogs: Underlying Causes for Behavioral Problems.* Estocolmo: AH Books, 2016.
4. Polsky R., «Can Aggression in Dogs Be Elicited Through the Use of Electronic Pet Containment Systems?». *Journal of Applied Animal Welfare Science* 3, nº 4, (2000): 345-357.
5. Tudge N., «The Use of Shock in Animal Training». Pet Professional Guild, 2016.
6. Coppinger R. y L. Coppinger, *Dogs: A Startling New Understanding of Canine Origin, Behavior, and Evolution.* Nueva York: Scribner, 2001.
7. Uvnas-Moberg K., «Role of Oxytocin in Human-Animal Interactions», People and Animals for Life, 12th International Association of Human-Animal Interaction Organization Conference. Estocolmo: 2010.
8. Guzman Y. F. et al., «Fear Enhancing Effects of Septal Oxytocin Receptors». *Nature Neuroscience* 16, n.º 9 (2013): 1185-1187.
9. Australian Association for Infant Mental Health, «Llanto controlado», 2013.
10. Íbid.
11. Íbid.
12. McGee E., «Separation Anxiety». Mississippi State University, College of Veterinary Medicine, 2016.
13. Dodds J., «Protocolo de vacunación canina», Animal Health Foundation, 2017.
14. Íbid.
15. Anderson R. K., «Una carta sobre la socialización de los cachorros», 2013.
16. Honeckman L., Veterinary Behavior Solutions, www.veterinarybehaviorsolutions.net.
17. The Association of American Feed Control, www.aafco.org.
18. Freeman L. M., «A Broken Heart: Risk of Heart Disease in Boutique or Grain-Free Diets and Exotic Ingredients», Clinical Nutrition Service, Cummings School of Veterinary Medicine, Tufts University, 2018.

Enseñanza de habilidades para la vida

1. Day J. et al., *Butler Biology Handbook*, 2000.
2. American Psychological Association. «Dogs' Intelligence on Par with Two-Year-Old Humans». Science News, 2009.
3. Turcsána, B. *et al.*, «Birds of a Feather, Flock Together? Perceived Personality Matching in Dog--Owner Dyads», *Journal of Applied Animal Behaviour Science,* 2012.
4. D'Aniello B., «Dogs Obey Better to Gestural Than Vocal Stimuli by Strangers»,. Universidad de Nápoles: 2016
5. Scott J. P., «The Evolution of Social Behavior in Dogs and Wolves». Ohio: Bowling Green State University, 1967.
6. Yin S. y B. McCowan, «Barking in Domestic Dogs: Context Specificity and Individual Identification», *Animal Behaviour* 68, nº 2 (2004): 343-355.
7. Farago T. et al., «Inter and Intraspecific Vocal Communication of Dogs», Family Dog Project. Budapest: Eötvös Loránd University, 2017.
8. Pongrácz P., et al., «Communicative Aspects of Dog Growls». Family Dog Project. Budapest: Eötvös Loránd University, 2017.
9. Íbid.
10. Coulson J., «The Negative Effects of Time-Out on Children», Institute for Family Studies, 2016.
11. Bekoff M., «Social Play in Coyotes, Wolves, and Dogs». *Bioscience 24*, nº 4 (1974): 225-230.
12. Rooney N. J. y W. S. Bradshaw, «Links Beteen Play and Dominance and Attachment Dimensions of Dog-Human Relationships». *Journal of Applied Animal Welfare Science 6*, nº 2 (2003): 67-94.
13. Íbid.

Cómo fortalecer a tu cachorro

1. Hoomans J., «35.000 decisiones: Las grandes elecciones de los líderes estratégicos», *Leading Edge Journal*, 2015.

2. Jenner N., «Disciplina positiva: los niños», *Boundaries of the Soul*, 2012.
3. Glasser W., «Choice Theory», Glasser Institute for Choice Theory, 1970.
4. Pink D., «¿Qué nos motiva?». *Harvard Business Review*, 2010.
5. Popova M., «Autonomy, Mastery, and Purpose: The Science of What Motivates Us». Brain Pickings, 2013.
6. Íbid.
7. Hare B. y V. Woods, *The Genius of Dogs. How Dogs Are Smarter Than You Think.* Nueva York: Plume, 2013.
8. Íbid.
9. Huber A. et al., «Investigating Emotional Contagion in Dogs to Emotional Sounds of Humans and Conspecifics», *Animal Cognition* 20, nº 4 (2017): 703-715.
10. Guo K. et al., «Left Gaze Bias in Humans, Rhesus Monkeys, and Domestic Dogs», *Animal Cognition* 12, nº 3 (2009): 409-418.
11. Íbid.
12. Alloway T. P., «Working Memory Is a Better Predictor of Academic Success Than IQ», *Psychology Today*, 2010.
13. Fugazza C. et al., «Do as I...Did! Long-Term Memory of Imitative Actions in Dogs». Budapest: Universidad Eötvös Loránd, 2015.
14. Horowitz A., *Ser un perro.* Nueva York: Scribner, 2017.
15. Íbid.
16. Neitz J., «Color Vision in the Dog», *Visual Neuroscience*, 2009.
17. Leeds J., «A través de la oreja de un perro», www.throughadogsear.com.

Los altibajos de la adolescencia

1. Overall K., «Reactivity in Dogs», en *Clinical Behavioral Medicine for Small Animals.* Missouri: Mosby, 1997.
2. Farhoody P. et al., «Aggression Toward Familiar People, Strangers, and Conspecifics in Gonadectomized and Intact Dogs», Frontiers in Veterinary Science, 2018.

Este libro se terminó de imprimir en el mes de abril de 2023
en QP Quality Print Gestión y Producción Gráfica, S. L.
Molins de Rei (Barcelona).